2ols

La casa de Bernarda Alba

La Profunda teatralidad
de la obra

PAs. 125

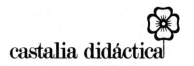

castalia didáctica

FEDERICO GARCÍA LORCA

La casa de Bernarda Alba

*Con cuadros cronológicos,
introducción, bibliografía, notas y
llamadas de atención,
documentos y orientaciones
para el estudio
a cargo de*

Miguel García-Posada

**Tercera edición
corregida y revisada**

EDITORIAL CASTALIA

Para Miguel

© Editorial Castalia, 1984
Zurbano, 39 - 28010 Madrid - Tel. 319 58 57
Cubierta de Víctor Sanz
Impreso en España - Printed in Spain
Unigraf, S. A. Móstoles (Madrid)
I.S.B.N.: 84-7039-412-6
Depósito Legal: M. 27.160-1991

SUMARIO

García Lorca y su tiempo 6

Introducción... 15

      1. La época de Lorca............................... 15
      2. Perfil humano 16
      3. El universo lorquiano 18
      4. El teatro lorquiano 23
      5. La casa de Bernarda Alba 32

Bibliografía 41

Documentación gráfica 42

Nota previa 47

La casa de Bernarda Alba 49

      Acto Primero 51
      Acto Segundo 73
      Acto Tercero 94

Documentos y juicios críticos................................ 113

Orientaciones para el estudio de

La casa de Bernarda Alba 124

      Acto Primero 124
      Actro Segundo 128
      Acto Tercero 131
      Cuestiones de síntesis 133

Año	Acontecimientos históricos	Vida cultural y artística
1898	Tras la guerra con los Estados Unidos, España pierde sus últimas colonias: Cuba, Puerto Rico y Filipinas.	Presencia destacada de los maestros realistas: Galdós, Pardo Bazán... Nacen V. Aleixandre, D. Alonso, B. Brecht, E. Hemingway.
1898-1908	Expansión colonial de las grandes potencias europeas. En contraste, grave crisis institucional en España. Intentos reformistas de Maura y Silvela. Alfonso XIII es proclamado rey en 1902. Rusia: Revolución de 1905.	R. Darío, *Cantos de vida y esperanza* (1905). Primeras obras capitales de la nueva generación de escritores (Baroja, Benavente, A. Machado, Unamuno, Valle-Inclán). Europa: éxito de D'Annunzio, O. Wilde... *Teatro de Arte* en Moscú; éxito de Chejov. Freud, *La interpretación de los sueños*. M. Planck, teoría de los «quanta». Se inicia la gran revolución de la pintura: Picasso, *Las señoritas de Aviñón* (1907).
1908		Benavente, *Señora ama*.
1909	Semana trágica de Barcelona.	
1910-1915	Comienza la Primera Guerra Mundial (agosto de 1914). España, neutral.	Valle-Inclán, *Voces de gesta* (1911). Benavente, *La Malquerida* (1913). Unamuno, *Del sentimiento trágico de la vida* (1913). J. R. J., *Platero y yo* (1914). Fundación de la Residencia de Estudiantes (1910). Francia: Apollinaire, *Alcools* (1913); Proust, *En busca del tiempo perdido*.
1915		
1916		Muerte de R. Darío. Arniches, *La señorita de Trevélez*. Suiza (Zurich): nace Dadá.
1917	Crisis social y política en España. Huelga general. Rusia: Revolución de Octubre.	J. R. J., *Diario de un poeta recién casado*. A. Machado, *Poesías completas* (1.ª ed.). Falla, *El corregidor y la molinera*. Rusia: Meyerhold inicia los montajes revolucionarios.

Vida y obra de Federico García Lorca

5 de junio: nacimiento de F. G. L. en Fuente Vaqueros (Granada). Sus padres: Federico García Rodríguez, propietario agrícola acomodado; Vicenta Lorca Romero, maestra nacional excedente.

Vida en Fuente Vaqueros. Problemas motores a la edad de dos años, que dejan como secuela cierta torpeza de movimiento en una pierna. Nacen sus hermanos Concha y Francisco; más tarde, Isabel. Lentitud en el aprendizaje del idioma. Estudios primarios con su madre y con don Antonio Rodríguez Espinosa, maestro republicano. Traslado a un pueblo próximo, Valderrubio (entonces Asquerosa). Carácter sensitivo. Afición por la naturaleza. Juegos «teatrales»: teatritos, «sermones», «misas». Descubrimiento de los títeres. Conocimiento del cante jondo.

Otoño: comienzo del Bachillerato en Almería, interrumpido por enfermedad.

Estudios de Bachillerato en Granada. Primeros estudios musicales con don Antonio Segura.

Comienza estudios universitarios en Granada: Derecho y Letras.

Viajes de ampliación de estudios, primero por Andalucía y luego por Castilla y el noroeste de España. Conoce a Machado en Baeza. Amistad con Fernando de los Ríos. Empieza a escribir.

Muerte de don Antonio Segura; interrupción de los estudios musicales. Publica su primer texto: *Fantasía simbólica*. Junio: comienza a escribir en verso.

Año	Acontecimientos históricos	Vida cultural y artística
1918	Hasta 1921, «trienio bolchevique» en Andalucía: se reclama el reparto de tierras. Termina la Primera Guerra Mundial.	J. R. J., *Eternidades*. Falla, *El fuego fatuo*.
1919		J. R. J., *Piedra y cielo*. Revista *Ultra*.
1920	Fundación de la III Internacional.	Unamuno, *El Cristo de Velázquez*. Valle-Inclán, *Divinas palabras* e inicio del ciclo esperpéntico. Muerte de Pérez Galdós.
1921	Desastre de Annual.	Unamuno, *Raquel encadenada*. Italia: Pirandello, *Seis personajes en busca de autor*.
1922	Italia: Marcha sobre Roma. Mussolini asume plenos poderes.	J. R. J., *Segunda antolojía poética*. Inglaterra: Eliot, *La tierra baldía*. Joyce, *Ulises*.
1923	Golpe de Estado de Primo de Rivera. Directorio militar.	J. R. J., *Poesía y Belleza*. Falla, *Retablo de Maese Pedro*. Fundación de *Revista de Occidente*.
1924		A. Machado, *Nuevas canciones*. Salinas, *Presagios*. Chile: Neruda, *Veinte poemas de amor*. Francia: *Primer manifiesto* surrealista.
1925	A fines de año, directorio «civil». Pacificación del Protectorado español en Marruecos.	Alberti, *Marinero en tierra*. Se traduce *La metamorfosis* de Kafka. Ortega, *La deshumanización del arte*. Rusia: *El acorazado Potemkin*, de Eisenstein.
1926		

Vida y obra de Federico García Lorca
Publicación de *Impresiones y Paisajes*.
Falla se instala en Granada: amistad con el poeta. Lorca reparte, desde ahora hasta 1929, sus estancias entre Madrid y Granada. Madrid, Residencia de Estudiantes: amistad con las personalidades literarias más relevantes del momento.
22 de marzo: estreno de *El maleficio de la mariposa* en el teatro Eslava, de Madrid. Fracaso.
Publicación de *Libro de poemas*. Comienza a escribir *Suites y Canciones*. Redacción del núcleo central del *Poema del cante jondo*.
Escribe la *Tragicomedia de don Cristóbal y la señá Rosita*. Concurso del cante jondo en Granada, inspirado por Lorca y apoyado por Falla. Comienzo del libreto de *Lola la comedianta*.
Licenciatura en Derecho. Representación familiar de *La niña que riega la albahaca y el príncipe preguntón*.
Escribe algunos romances del *Romancero gitano*.
Escribe algunos *Diálogos*. Versión definitiva de *Mariana Pineda* (primera versión en 1923).
Publicación de la *Oda a Salvador Dalí*. Conferencias sobre Góngora y Soto de Rojas. Primera versión de *La zapatera prodigiosa*.

Año	Acontecimientos históricos	Vida cultural y artística
1927	Lá Dictadura crea una Asamblea consultiva.	III Centenario de Góngora. Cernuda, *Perfil del aire*. Marquina, *La ermita, la fuente y el río*.
1928		J. Guillén, *Cántico*. Alemania: Brecht, *La ópera de tres cuartos*.
1929-1930	Exposición Universal de Barcelona e Hispanoamericana de Sevilla. Italia: Pacto de Letrán entre la Santa Sede y el Estado fascista (febrero de 1929). Octubre: crac económico de Wall Street; comienza una crisis económica de alcance mundial. Enero de 1930: caída de Primo de Rivera. Gobierno Berenguer. Agosto: Pacto de San Sebastián entre los partidos republicanos. Diciembre: sublevación republicana de Jaca; fusilamiento de los capitanes Galán y García Hernández.	Alberti, *Sobre los ángeles*. Buñuel y Dalí, *Un perro andaluz*. Francia: *Segundo manifiesto* surrealista. Ortega y Gasset, *La rebelión de las masas*. Valle-Inclán, *Martes de carnaval*. Alemania: Brecht, *La excepción y la regla*. Inglaterra: Fleming descubre la penicilina. Estados Unidos: nace la televisión.
1931	14 de abril: proclamación de la Segunda República. Lorca participa en las manifestaciones de júbilo.	Cernuda, *Los placeres prohibidos*. Unamuno, *La agonía del Cristianismo* (1.ª ed. española); *San Manuel Bueno, Mártir*.
1932	10 de agosto: golpe militar, fracasado, del general Sanjurjo. Estatuto de Autonomía de Cataluña.	Primera *Antología poética* recopilada por Gerardo Diego. Mihura escribe *Tres sombreros de copa*. Se proyecta en Madrid *La sangre de un poeta*, de Cocteau.
1933	Alemania: Hitler, canciller. Estados Unidos: *New Deal* de Roosevelt.	Picasso inicia su serie de grabados sobre el Minotauro.
octubre 1933-marzo 1934	Triunfo de la derecha en las elecciones.	

Vida y obra de Federico García Lorca
Publicación de *Canciones*. Estreno de *Mariana Pineda* en Barcelona.
Publicación del *Primer romancero gitano* (título completo del libro). Termina *Amor de don Perlimplín con Belisa en su jardín*. Poemas en prosa. *Las nanas infantiles*. *Sketch de la nueva pintura*. Crisis sentimental.
Amistad con Carlos Morla, embajador de Chile. Prohibición por la censura de *Amor de don Perlimplín*. En junio, viaje a los Estados Unidos, donde permanecerá hasta primeros de marzo. (El viaje obedece a la doble necesidad de olvidar la crisis íntima y estética, ésta desencadenada por el éxito del *Romancero* [2.ª ed. en 1929]). Febril actividad creadora: poemas de *Poeta en Nueva York* y *Tierra y Luna* (ordenación primitiva del ciclo americano); guión cinematográfico: *Viaje a la luna*; revisión de piezas dramáticas anteriores; primeros esbozos de otras nuevas. Conferencias. Gran interés por el «jazz» y el teatro. En marzo, marcha a Cuba. Comienza a escribir *El público*. Conferencias. Otros poemas. A finales de junio, regreso a España. 22 de agosto: termina *El público*. Diciembre: estreno de *La zapatera prodigiosa*. Armonización y adaptación de letras populares para la Argentinita.
19 de agosto: termina *Así que pasen cinco años*. En el curso del año, primeros poemas del *Diván del Tamarit*. Publica *Poema del cante jondo*.
El proyecto de La Barraca es aprobado por el Ministerio de Instrucción Pública. 10 de julio: presentación de La Barraca en Burgo de Osma. (Hasta 1935 se sucederán las giras por España, con un magnífico repertorio basado fundamentalmente en nuestro teatro clásico.) En el curso del año, conferencias por España sobre *Un poeta en Nueva York*.
Marzo: estreno de *Bodas de sangre*; éxito clamoroso. Absoluta independencia económica del poeta. Abril: estreno de *Amor de don Perlimplín* por el Club Anfistora.
Estancia en Argentina, donde se representan sus obras: éxito total. De final de enero a mediados de febrero, en Uruguay. Lorca trabaja en *Yerma*. Pronuncia *Juego y teoría del duende*, *Cómo canta una ciudad de noviembre a noviembre*, además de *Un poeta en Nueva York*.

Año	Acontecimientos históricos	Vida cultural y artística
1934	Revolución en Cataluña y Asturias. Fracaso y durísima represión.	Buñuel, *Tierras sin pan*. Segunda *Antología poética* recopilada por Gerardo Diego.
1935	Rusia: Procesos de Moscú.	Aleixandre, *La destrucción o el amor*. Neruda, *Segunda residencia*. Aparece la revista *Caballo verde para la poesía*, dirigida por Neruda.
1936	Triunfo del Frente Popular (febrero). 18 de julio: sublevación militar contra la República. Fortísima represión contra republicanos e izquierdistas en la «zona nacional». Guerra civil.	Muerte de Valle-Inclán. Cernuda, *La realidad y el deseo* (1.ª ed.). Miguel Hernández, *El rayo que no cesa*. Salinas, *Razón de amor*. Exposición de Picasso en Barcelona. En julio, el pintor es nombrado Director del Museo del Prado, cargo que no llega a desempeñar.

Vida y obra de Federico García Lorca

Agosto: muere Ignacio Sánchez Mejías a consecuencia de una cogida en la plaza de Manzanares. Diciembre: estreno de *Yerma;* éxito absoluto, pero reacción adversa de la prensa conservadora. Termina el *Diván del Tamarit.*

Publicación del *Llanto por Ignacio Sánchez Mejías.* Diciembre: estreno en Barcelona de *Doña Rosita la soltera.* Publicación de *Seis poemas galegos.* Lorca trabaja en su libro de *Sonetos.*

Enero: publicación de *Primeras canciones* (en parte breve antología del proyectado libro de *Suites*), y de *Bodas de sangre.* Participa en actos a favor del Frente Popular. Proyectos dramáticos en ciernes: *La destrucción de Sodoma, Comedia sin título, Los sueños de mi prima Aurelia.* Proyectos poéticos o libros terminados: *Poeta en Nueva York, Tierra y Luna, Suites, Odas, Poemas en prosa, Sonetos.* 19 de junio: termina *La casa de Bernarda Alba.* 13 de julio: marcha a Granada. 16 de agosto: es detenido y conducido al Gobierno Civil. 18 (o 19): el poeta es asesinado en Víznar; con él fueron asesinados un maestro nacional y dos banderilleros. El pelotón de ejecución estuvo integrado por Guardias de Asalto y miembros de las paramilitares Escuadras Negras.

Introducción

1. La época de Lorca

Federico García Lorca desarrolla su actividad creadora en la etapa más fecunda de la literatura de este siglo: el período de entreguerras. En esa veintena de años, el arte de Occidente conoce la revolución más radical que había sufrido nunca. La irrupción de las vanguardias pulveriza, en efecto, la larga tradición clasicista de la literatura europea. El romanticismo había sentado las bases para tal destrucción, pero sólo ahora se lleva a cabo plenamente. Se proclama la absoluta autonomía del arte, se rompe con toda idea de imitación. La novedad y lo nuevo son exaltados en términos en otro tiempo inimaginables. Es patente la voluntad de originalidad y su lógica consecuencia: el experimentalismo. El irracionalismo más ferviente se opone al racionalismo al que se acogían las estéticas realistas del siglo XIX y comienzos del XX. En el dadaísmo primero, y luego, de modo total, en el surrealismo, se encarna el irracionalismo victorioso. La vanguardia estética afecta, sobre todo, a la poesía y a la plástica. Pero otros géneros padecen también transformaciones radicales: de la mano de Proust, Joyce o Kafka, la nueva novela deja irreconocible a la que le había precedido, y el teatro naturalista se disuelve en corrientes como el teatro expresionista o el comprometido.

En algunos de sus géneros, la evolución de la literatura española es rigurosamente paralela y sincrónica —así en la poesía—; en —el teatro, por ejemplo—, las correspondencias se producen con mayores desajustes. Cuando García Lorca comienza a escribir, la literatura castellana está dominada por las figuras de la primera generación del siglo: el grupo del 98 y el modernismo lírico, con Rubén Darío a la cabeza. El cambio de rumbo que Juan Ramón Jiménez imprime a la lírica española en 1917, será en este sentido absolutamente decisivo. De la hegemonía juanramoniana, conjugada con la penetración de las vanguardias, procederá la *nueva poesía*, representada por el grupo del 27, del que García Lorca es cabeza visible.

El signo lírico domina la literatura española. El fenómeno no es exclusivamente español. Con todo, la narrativa puede ofrecer figuras valiosas (Gómez de la Serna, Miró o Pérez de Ayala). Donde la evolución fue menor es en el teatro, paralizado en los moldes de la comedia benaventina o del teatro en verso. La obra genial de Valle-Inclán cae en el vacío: habrá que esperar muchos años a su rehabilitación. No fue sordo Lorca a la dramaturgia valleinclanesca, y eso demuestra su instinto dramático. Sin embargo, su propia carrera como dramaturgo fue menos rectilínea que la del poeta, sometida como estuvo a fuertes condicionamientos externos.

2. Perfil humano

No es fácil trazar un perfil humano riguroso del poeta. La mitificación que produjo su asesinato ha desvirtuado muchas veces una personalidad tan rica como compleja. Héroe político, gitano, homosexual atormentado: he aquí algunas de las imágenes que se han superpuesto sobre su figura. Ninguna de ellas le conviene: era un liberal de izquierda, próximo al socialismo humanitario, pero no ejerció la militancia política; había nacido en el seno de una familia acomodada, que le dio una educación exquisita; distó de ser una personalidad torturada.

Lorca poseía un talante arrollador. Es unánime la coincidencia entre todos quienes lo trataron. Recientemente, Luis Buñuel escribía:

> De todos los seres humanos que he conocido, Federico es el primero. No hablo ni de su teatro ni de su poesía. *La obra maestra era*

él. [...] Ya se pusiera al piano para interpretar a Chopin, ya improvisara una pantomima o una breve escena teatral, era irresistible.[1]

Imprimo en cursiva esa afirmación del gran director porque sintetiza muy bien lo que fue el hombre Lorca, y porque nos permite extraer una deducción importante: vitalmente, Lorca es también un creador. La contemplación atenta de su vida nos lo muestra siempre rodeado de amigos, tocando el piano o la guitarra, improvisando mimos, accionando marionetas, cantando viejas canciones de España. Poeta de éxito, no duda en «sacrificar» un tiempo precioso para su propia obra y lanzarse con La Barraca por España. «¡Si todo es lo mismo! Todo viene a ser alegría de crear, de hacer cosas», declara en 1934.[2]

Esta personalidad era por definición polivalente. En Lorca convive el talante infantil —que le dio esa inagotable capacidad de sorpresa ante el mundo, presente en su obra— con la inteligencia acerada, lúcida en extremo. Es jubiloso, pero también conoce momentos de honda tristeza, sólo accesibles a sus allegados. Una preocupación lo domina con frecuencia: el miedo, el terror a la muerte. No es casual la persistencia con que este terror atraviesa la obra, reverso el más profundo de su apariencia optimista. Cordial, pero no descortés, estaba lejos de cualquier envaramiento. Sencillo pero consciente del propio valor, el éxito le gusta, aunque no lo envanece. Personalidad de múltiples registros —«muchipersona» lo ha llamado un buen amigo—, Lorca es también un ser extraordinariamente honrado. Fue envidiado y a veces atacado, pero resulta difícil encontrar testimonios que nos lo muestren al mismo nivel. Tenía la suprema generosidad de los hombres de genio. Por eso es de lamentar que cierta crítica haya decidido hurgar en su biografía con propósitos escandalosos. Nada más opuesto a aquel hombre bueno, generoso e inocente en la pureza de sus planteamientos

---

[1] Luis Buñuel, *Mi último suspiro*, Barcelona. Plaza & Janés, 1982, p. 154.

[2] Las citas de Lorca, pertenecientes a declaraciones, epistolario, etc., se toman casi. siempre de la edición de *Obras completas*, t. II, Madrid, Aguilar, 1980, 21.ª ed.; el resto de mi edición en curso en Akal Editor (t. I, 2.ª ed., 1982; t. II, 1982; t. III, 1980; IV, V y VI en preparación).

vitales. Por lo demás, la obra es contundente al respecto: léase la
Oda a Walt Whitman, de *Poeta en Nueva York*, y se verá que no hay
engaño ni truco: sólo la exaltación del «Amor que reparte coronas
de alegría». Vicente Aleixandre resume en pocas palabras la coherencia y la grandeza del personaje:

> Inocente en su tremenda risa morena como un árbol furioso.
> Ardiente en sus deseos, como un ser nacido para la libertad.[3]

Esta energía creadora se puso decididamente, desde muy pronto,
al servicio del arte. Las dotes de Lorca eran excepcionales. Enca-
minado primero hacia la música, la abandonó más tarde; pero, al
decir de Manuel de Falla, hubiera podido ser músico eminente.
Sin ser un dibujante profesional, sus dibujos —con los que orlaba
las cartas a sus amigos— han merecido de Joan Miró la calificación de «obra de poeta», el mejor elogio que, a su juicio, puede
hacerse de cualquier expresión plástica. No son menores sus cualidades como recitador, de estilo sobrio y nada enfático, ni como
director de escena, con montajes y planteamientos absolutamente
innovadores en su tiempo. Estas dotes de excepción fueron servidas
también por el trabajo continuado, basado en la búsqueda insistente
de fórmulas nuevas y el rechazo de lo ya hecho. El caudal creador
que brota de Lorca en apenas dieciocho años de actividad creadora, es impensable sin el fervor y la dedicación con que se entrega a
su oficio. Gratas circunstancias familiares —un ambiente acomodado— le facilitaron la entrega sin reservas. Pero es evidente que
fue él quien la impuso, sin permitirse la menor atadura a lo que no
fuera de su vocación. «...yo no como, ni bebo, ni entiendo más que
en la Poesía», escribe en 1926. Y ella, en efecto, moldeó su destino.

3. El universo lorquiano

Entre tradición y vanguardia

La actitud de Lorca frente a la creación literaria es singular.
Nacido a ella en pleno período de vanguardia, el poeta no ofrece a

---

[3] Vicente Aleixandre, «Evocación de Federico García Lorca», *Obras completas*,
Madrid, Aguilar, 1968, p. 1.208.

los *ismos* su adhesión incondicional. Su posición es distante, de espectador atento mucho más que de actor. Por eso, al mismo tiempo se arraiga con firmeza en la tradición propia con un sentido y una perspectiva que no pueden identificarse con ningún tipo de tradicionalismo más o menos caduco. Por el contrario, Lorca capta a la perfección las novedades sustanciales que aportan las vanguardias y se apodera de todas ellas, para integrarlas, en síntesis ejemplar, en un riquísimo sustrato de elementos tradicionales. En esta fusión única de tradición y vanguardia reside el carácter absolutamente diferenciado de la posición de Lorca frente al hecho literario.

Tradición: Lorca nos obliga a ampliar el concepto. A la tradición española hay que agregar la europea y la judeocristiana: desde Shakespeare a los diálogos platónicos y la Biblia. Y junto a estas y otras referencias que cabe hacer, hay todo un conjunto de elementos que no llegan al poeta por conductos estrictamente literarios —así el folclore—, y que le permiten entrar en contacto con motivos viejísimos, prehistóricos, aspirar el aliento de un sustrato casi desaparecido. Surge de este modo el Lorca que deja fascinado al historiador de las religiones arcaicas. Se ha señalado así por Álvarez de Miranda el valor mítico que en el universo lorquiano adquieren la luna, la sangre, el toro o el cuchillo. En este *arrastre de fondos milenarios* se encuentra una de las causas esenciales de la difusión universal de Lorca, pues esta densidad mítica incorpora al texto elementos de significado no declarados de manera explícita.

Muy viejo y muy moderno, pues. Tradicional, no tradicionalista. Desde una imaginación y una sensibilidad modernas se produce la absorción de motivos, mitos y configuraciones claves en nuestra cultura y en la conciencia humana. Por aquí, en este arraigo cultural y transhistórico —y no en circunstancias trágicas, pero ya superadas por el paso del tiempo—, hay que explicar la vigencia universal de Lorca, capaz de superar con éxito el difícil escollo de las traducciones.

De tal síntesis de tradición y vanguardia nace esta obra, que es *una* y *diversa* al mismo tiempo. Su *unidad* se la otorga la persistencia de un mundo temático y estilístico claramente identificable. Su *diversidad* se la concede la extraordinaria versatilidad del autor.

Concurren en Lorca el lírico altísimo y el dramaturgo de genio. (Fenómeno raro, con estas calidades, en la literatura contemporánea.) A su vez, tanto la obra lírica como la dramática se ramifican en múltiples variedades. Cada obra, o ciclo de obras, es planteado como un problema distinto que requiere solución también distinta. El lírico pasa así del cuerpo alado y musical de las *Canciones* (1921-1924) al vuelo epicolírico del *Romancero gitano* (1924-1927), y luego a la poesía total, lacerante y profética, de *Poeta en Nueva York* (1929-1930), para retomar después el andalucismo profundo del *Romancero* y, cruzándolo con la poesía neoyorquina, y desde una perspectiva más clasicista, alumbrar la gran elegía del *Llanto* (1935)... El examen del teatro arrojará resultados similares, según veremos.

Se falsea, por tanto, la imagen del autor cuando se le trata de presentar como un poeta popularista, cubista, surrealista... Desde 1921, hay un Lorca íntegramente formado, dueño de unos temas y unas claves estilísticas propias, que evolucionará según las necesidades de cada momento y que en cada etapa encontrará la voz personal, el registro inconfundible.

Temas centrales

El elemento neurálgico del universo lorquiano es la *frustración*. Ésta se proyecta en el plano histórico y en el metafísico, en el social y en el ontológico. Se manifiesta de modos muy variados, pero todo este mundo se alimenta de esa sustancia última. La muerte obsesiona al poeta, mas no le hace olvidar la injusticia de las estructuras sociales, las frustraciones históricas; y a la inversa: la pesadilla de la historia no lo vuelve de espaldas a las fuerzas fatales de la muerte y el sexo. No siempre ambos planos son disociables, pero es necesario señalar su doble naturaleza.

El *amor* es componente capital. No es Lorca poeta de odios. Incluso en los momentos en que su voz se tiñe de cólera profética —muchos versos de *Poeta en Nueva York*— sentimos la presencia del amor. Éste posee naturaleza cósmica, y eso explica el pansexualismo amoroso del poeta. Su justificación de todas las opciones eróticas procede de aquí. El sexo es sentido como energía impetuosa, de expansión fatal. Los obstáculos con que tropieza nos conducen de nuevo a la *frustración*. No es el amor antípoda de la muerte. «La Muerte se disfraza de amor», dice el prólogo de *El maleficio de la mariposa*.

En relación con el tema del amor, hay que considerar el de la *esterilidad*, la otra cara de la fecundidad. Se liga tanto a la relación heterosexual como homoerótica. *Así que pasen cinco años* y *Yerma* son los grandes paradigmas en este punto. La esterilidad es asociada al mundo adulto. Tal es la causa que explica la obsesiva nostalgia de la *infancia* que es visible en la obra lorquiana.

En este universo, la *muerte* desempeña papel decisivo. No hay necrofilia en la obsesión del poeta. Muy al contrario, es el amor apasionado a la vida el que suscita la pesadilla. Pocos poetas han celebrado como Lorca la belleza de las formas vivas. Belleza amenazada. La tensión que se establece entre el canto a la vida y la amenaza que se cierne sobre ella, explica que esta obra no parezca tétrica. Morir es la gran frustración del hombre, es el no llegar, el quedar en el camino; es, a fin de cuentas, un asesinato. Las soluciones religiosas son problemáticas siempre. La nada parece ser el final inevitable. Pero Lorca intuye también una vida en la muerte: pesadilla de los muertos inertes pero conscientes. Esta visión alcanza a la poesía, pero llega también al teatro. Véase la escena del Niño y el Gato en *Así que pasen cinco años*, acto I.

En el plano de la historia, es esencial el *tema de la revolución*. Lejos ciertamente de todo uso *interesado* de la literatura, la obra lorquiana rebasa, más que rechaza, los planteamientos de la literatura comprometida en la medida en que no pretende concitar fervores ideológicos mediante formulaciones simples. Y, sin embargo, pocos poetas han poetizado con tanta intensidad el tema de la revolución, y de su cara opuesta: la represión, la reacción. El primer gran texto, el *Romance de la Guardia Civil española*, será seguido por muchos versos de *Poeta en Nueva York*, por *El público*, por la inacabada *Comedia sin título* y por *La casa de Bernarda Alba* (en clave simbólica).

Sistema expresivo

Es aquí donde reside la mayor innovación lorquiana. Con todo
gran poeta sucede idéntico fenómeno. Varias son las claves fundamentales de ese sistema. En primer lugar, éste es un *discurso de lo
concreto*. El mundo es contemplado desde una conciencia «senso-
rial». De ahí el relieve de la personificación y la metáfora. Se *anima*
todo lo existente. Las grandes líneas de pesadumbre que atraviesan
esta obra son, en cierto modo, «compensadas» por el maravilloso
espectáculo que el poeta ofrece de un mundo en movimiento, cuya
materia viva el lector siente crepitar: el viento verde, el monte
«gato garduño», los árboles que crecen con la oscuridad... La poesía
va más allá de las ideas: Lorca nos obliga siempre a *estar de acuerdo*.

Procedimiento clave es la metáfora. Góngora fue en este punto
su gran modelo. La metáfora lorquiana comparte con la gongorina
la complejidad de elaboración y la frecuente elusión del plano real
(metáfora pura). Ésta es la causa del hermetismo lorquiano, muy
superior a la «oscuridad» gongorina: el autor moderno carece del
código mitológico que manejaba el autor clásico y que era conocido
por sus lectores. Pero nunca se trata de un hermetismo arbitrario,
ilógico. La complejidad de elaboración afecta asimismo a la frase.
Lorca es un maestro en el arte de la elipsis, de la condensación
expresiva.

Junto a la metáfora, el símbolo. Bien por reiteración de las
imágenes metafóricas, bien porque los signos alojan un segundo
sentido (la luna es luna, pero también representa a la muerte), el
sistema expresivo del autor contiene grandes configuraciones simbólicas. Estos símbolos son polivalentes en función de los contextos:
la luna es símbolo de muerte, pero también de vida, o de ambas
cosas a la vez. Los símbolos dominantes son: la *luna*, el *agua*, la
sangre, el *caballo*, las *hierbas* y los *metales*. Muchos de ellos poseen
evidente dimensión mítica. (Mito: modelo sagrado.) Los modelos
míticos gravitan sobre el universo lorquiano de modo notorio:
integran configuraciones de orden muy diverso: bíblico (Cristo, en
primer lugar, y los mitos del Infierno, el Paraíso o el Apocalipsis),
clásico (las Parcas), prehistórico (visiones de la luna), etc.

4. El teatro lorquiano

Un teatro poético

La obra dramática comparte plenamente los supuestos temáticos y estilísticos del universo total lorquiano. Sólo dentro de él es comprensible en su integridad. Pues la dramaturgia lorquiana representa la incorporación a la escena contemporánea de un *teatro poético* —en el más alto sentido del término—, que no ha de identificarse con el teatro simbolista europeo o con el teatro en verso español, de filiación modernista, al margen de que reciba ciertos influjos de ambos. Esa incorporación del teatro poético es también una recuperación: en Grecia primero, y en la Europa renacentista después, el gran teatro occidental es obra de los poetas. Sería el prosaísmo del siglo XIX el que despojaría al drama de su dimensión poética. Lorca es por completo consciente de esta restitución que representa su teatro. Declara así en 1936:

> Tengo un concepto del teatro en cierta forma personal y resisten-
> te. El teatro es la poesía que se levanta del libro y se hace humana.
> Y al hacerse, habla y grita, llora y se desespera. El teatro necesita
> que los personajes que aparezcan en la escena lleven un traje de
> poesía y al mismo tiempo que se les vean los huesos, la sangre. Han
> de ser tan humanos, tan horrorosamente trágicos y ligados a la vida
> y al día con una fuerza tal, que muestren sus traiciones, que se
> aprecien sus olores y que salga a los labios toda la valentía de sus
> palabras llenas de amor o de ascos.

De estas declaraciones cabe deducir que por *teatro poético* Lorca entiende aquel que se plantea los grandes problemas de la condición humana. No ha de estar necesariamente en verso —lo señala en otras entrevistas—. Poesía designa aquí capacidad creadora, «invención», y también la existencia de un lenguaje dramático que recoja la intensidad imaginativa, la riqueza de dicción y significado de la gran poesía dramática (desde Esquilo a Calderón). Pero Lorca va aún más lejos: sin negarle al teatro categoría literaria —a sus ojos sería degradarlo—, lo concibe como espectáculo total, en el que el texto, con ser elemento básico, dista de ser todopoderoso y se articula con otros componentes: corporalidad y gestualismo de

los actores, música, plástica, danza, escenografía. Con esta reivin-
dicación del teatro total, Lorca enlaza con los grandes renovadores
del teatro, desde Stanislavski[4] a Artaud,[5] y devuelve al teatro su
carácter de fiesta, de espectáculo.

Este teatro poético se instala con mucha frecuencia en el mito.
Espacio mítico es la Andalucía de *Bodas* o *Yerma*. Ritual de iniciación al misterio amoroso es el *Amor de don Perlimplín*. Otras veces
los planos son más realistas. Pero, en todo caso, hay que tener en
cuenta esta raíz de su obra teatral a la hora de entender la función
que Lorca le asigna al arte dramático. Como se deduce de la
Charla sobre teatro (1935), el autor tiene una concepción didáctica
del hecho teatral, pero su didactismo no guarda relación alguna
con el de un Bertolt Brecht, en quien el término se identifica con
la acción política y social. En una línea claramente deudora del
pensamiento de la Institución Libre de Enseñanza, la función
educativa del teatro reside, según Lorca, en su capacidad para
elevar el nivel cultural y espiritual de los ciudadanos. Por eso,
incluso sus obras más radicales están exentas de toda apelación
directa al compromiso político o civil.

La restitución al teatro de su dimensión poética necesitaba de la
poetización del vehículo expresivo. El teatro lorquiano utiliza verso y prosa; pero dejemos ahora a un lado el problema del primero.
La prosa dramática lorquiana está cargada de sentidos connotati-
vos; el pasaje neutro, si existe, está compensado en seguida por el
tropo léxico, la imagen audaz, el giro hiriente. El lenguaje dramático lorquiano está trabajado por una tensión íntima muy fuerte,
que concentra los significados. Veamos algunos ejemplos, tomados
de *La casa de Bernarda Alba* (acto II):

> Ésa tiene algo. La encuentro sin sosiego, temblona, asustada, *como
> si tuviera una lagartija entre los pechos.*

*   *   *

---

[4] Constantin Stanislavski (1863-1938). Actor, director y teórico teatral ruso. Fundador del Teatro de Arte de Moscú (1898). Sus investigaciones sobre el proceso de
interpretación dramática (preparación física y psicológica del actor, dicción, etc.) han
ejercido una influencia inmensa en el teatro contemporáneo.

[5] Antonin Artaud (1896-1948). Miembro activo de la primera generación surrealis-

...No por encima de ti que eres una criada, por encima de mi madre saltaría *para apagarme este fuego que tengo levantado por piernas y boca*. [. . .] ¡Soy más lista que tú! Mira a ver *si puedes agarrar la liebre con tus manos*. [Liebre: unión amorosa de Adela con Pepe el Romano.]

Los ejemplos se han reducido a comprobar el perfecto engaste de los tropos (comparaciones y metáforas), sin hacer hincapié en otros recursos que el lector puede notar por sí solo. Frase apretada, condensada al máximo, la de Lorca: la poeticidad —el «traje de poesía»— se introduce sin violencias, de modo fluido. En las obras de ambiente rural, el giro popular —reinventado muchas veces— colorea con vigor la expresión. Valga un ejemplo, también de la misma obra y del mismo acto:

PONCIA
... en cuanto las dejes sueltas [a tus hijas] se te subirán al tejado.

BERNARDA
¡Ya las bajaré tirándoles cantos!

¡Siempre *gasté sabrosa pimienta!*

No puede faltar el símbolo, los símbolos. Son, claro es, los mismos del conjunto de la obra lorquiana. El río, símbolo acuático, posee muchas veces valor erótico: «Y que yo me la llevé al río / creyendo que era mozuela, / pero tenía marido» *(La casada infiel)*. Pues bien, cuando Adela, la heroína de *La casa de Bernarda Alba*, proclama su pasión lo hace en estos términos (acto III):

... Pepe el Romano es mío. Él me lleva *a los juncos de la orilla*.

Ejemplo tanto más interesante cuanto que antes (acto I) se ha dicho que el pueblo no tiene río. Y la Novia de *Bodas de sangre* define a su amante, con el que ha escapado el mismo día de su casamiento, como

un río oscuro, lleno de ramas, que acercaba a mí el rumor de sus juncos...
(acto III).

---

ta, poeta e importante teórico del teatro. Fundador del llamado «teatro de la crueldad».

Aún podemos rastrear sentido semejante en las palabras que Yerma dirige al marido incapaz de engendrar un hijo:

> A mí me gustaría que *fueras al río y nadaras...* (acto I).

Los símbolos clave del teatro lorquiano son los mismos que los de la obra lírica. El poeta se ha habituado a trabajar con ellos y los integra con sencillez aparente en los parlamentos dramáticos, en perfecta articulación con el desarrollo de la pieza.

Influencias

Los influjos que recibe el teatro de Lorca son muy variados. La tragedia griega aporta al poeta moderno no sólo un espíritu, sino también elementos estructurales: así la renuncia a la sorpresa del argumento —*Bodas de sangre* y *Yerma* son títulos autosuficientes—, el número reducido de personajes, la presencia y función de los coros. De los grandes clásicos europeos, Shakespeare es indudablemente el modelo que con mayor fuerza gravita sobre Lorca. Su huella es rastreable a lo largo de toda la obra. Alguna vez se trata de préstamos, pero lo esencial es el reconocimiento de un magisterio que los textos proclaman de manera explícita en diversas ocasiones. El teatro español del Siglo de Oro, que Lorca veneraba, se deja sentir con fuerza en las tragedias: la presencia de Lope irradia sobre *Bodas*, la de Calderón sobre *Yerma* —sin entrar ahora en otras cuestiones—. Lopesco es el uso de la canción popular o popularizante, que cumple la misma función que en Lope: sirve de ilustración al desarrollo argumental, crea el clima dramático o colabora con él. El entremés cervantino se proyecta sobre *La zapatera prodigiosa*, y la protagonista, que ve el mundo desde su singular imaginación, es heroína de filiación quijotesca. Tampoco un género tan lejano en apariencia como el auto sacramental es ajeno a la dramaturgia lorquiana: es en las configuraciones alegóricas de *El público* y *Así que pasen cinco años* donde su presencia resulta más visible.

De los grandes autores contemporáneos, no falta la huella de

Ibsen,[6] tampoco la de Chejov.[7] *Jinetes hacia el mar*, de John M.
Synge, gravita sobre *Bodas de sangre*.[8] Son evidentes algunas reminiscencias de Gabriele D'Annunzio.[9] La cuestión de las influencias
es, en general, muy complicada en el caso de Lorca, porque el
poeta se apodera de los préstamos y los integra en su propio estilo y
visión del mundo, es decir, los reformula y recrea.

El teatro de títeres y el drama modernista ejercen un ascendien-
te importante sobre la dramaturgia lorquiana. Pasión ya infantil,
el teatro de títeres es, para el Lorca adulto, modelo indispensable:
representa el contacto directo con una de las grandes fuentes
primarias del drama. Tanto respeto le merece que no duda en
utilizar este procedimiento para representar a Esquilo o a Cervantes. Las farsas para guiñol nacen bajo su designio, si bien el poeta
las llena de inusitada complejidad, hasta el punto de haber proyectado representarlas en teatro normal y con música. En cuanto al
teatro modernista, hay que señalar, de entrada, que Lorca se
forma en él: toda su primera producción se inscribe dentro de esta
serie literaria, incluida, naturalmente, *Mariana Pineda*. El uso del
verso y, sobre todo, la profusión de elementos líricos son datos
indiscutibles. El influjo modernista alcanza también a la obra
madura: ni *Bodas de sangre* ni *Yerma*, sobre todo, escapan entera-
mente a su órbita. El ruralismo de estas obras procede del hoy
olvidado Eduardo Marquina (1879-1946), quien desde 1926 escribe un tipo de teatro rural estilizado, de orientación trágica y
protagonismo femenino. La necesidad del éxito profesional condujo
al poeta a una fórmula de compromiso con el drama marquiniano,
según veremos más adelante.

---

[6] Henrik Ibsen (1828-1906), dramaturgo noruego, considerado como el padre del
teatro contemporáneo por sus famosos «dramas modernos»: *Las columnas de la sociedad,
Casa de muñecas, Espectros, Un enemigo del pueblo* o *El pato salvaje*, etc., escritos entre 1877
y 1899. Ver más adelante.

[7] Antón Chejov (1860-1904), dramaturgo y escritor ruso, figura capital del realismo
dramático. Entre sus mejores obras —análisis muy penetrantes de la burguesía en
decadencia— se hallan *La gaviota, Tío Vania, Las tres hermanas* y *El jardín de los cerezos*.

[8] John M. Synge (1871-1909), dramaturgo irlandés, autor de un teatro de hondas
raíces populares. Es célebre su obra *Jinetes hacia el mar*.

[9] Gabriele D'Annunzio (1864-1938), novelista, poeta y dramaturgo italiano. Entre
sus obras dramáticas destacan *La hija de Iorio*, el ciclo de los *Sueños* y *La ciudad muerta*.

De los dramaturgos españoles de su tiempo, Lorca apreciaba a Arniches, aunque no lo siguiera, y sentía confesada admiración por el esperpento de Valle-Inclán, cuya huella es patente en el *Retablillo de Don Cristóbal* (1931). El mundo mágico y mítico de *Divinas palabras* (1920) fue una incitación a la hora de escribir las tragedias rurales.

La situación dramática: autoridad frente a libertad

La oposición entre el principio de *autoridad y el de libertad*, con diversas manifestaciones: civilización frente a naturaleza, moral contra instinto, realidad frente a imaginación o deseo, es la situación dramática básica sobre la que se estructura el drama lorquiano.[10] Lo que caracteriza al teatro de la madurez es la multiplicidad de planos sobre los que esa situación básica se proyecta. Cuando la tensión bipolar es extrema, la acción alcanza la categoría de lo trágico —sean o no tragedias formalmente todas las obras lorquianas de resolución desastrada—. Lorca tiene la mirada pura del trágico: las pasiones azotan a sus criaturas, las sacuden y arrastran, sin que el poeta intervenga para detener su marcha hacia el fin desastroso. Es el *fatum* de los latinos, la *moira* de los griegos.

Casi nunca es risueño el mundo dramático de Lorca, porque la realidad dista de ser amable. Pocas veces el desenlace feliz corona la acción. En este mundo conflictivo los seres luchan de modo oculto o al descubierto. Seres problemáticos de raíz, abismados en sus fantasmas, pero empapados siempre de humanidad. En esta capacidad de crear personajes vivos descansa una de las mayores virtudes del dramaturgo. El acusado protagonismo femenino es el resultado de dos circunstancias íntimamente relacionadas: el peso de la tradición literaria y la condición oprimida de la mujer en la cultura mediterránea.

---

[10] Esta oposición ha sido señalada por diversos críticos. La formulación concreta que aquí se aduce ha sido acuñada por Francisco Ruiz Ramón, *Historia del teatro español. 2. Siglo XX*, Madrid, Alianza Editorial, 1971, p. 191.

Evolución y clasificación del teatro lorquiano

Lorca comienza escribiendo teatro dentro de los módulos estilísticos del modernismo. *El maleficio de la mariposa* (1920) es la única obra estrenada de una producción abundante y todavía inédita. El fracaso de la obra, evidentemente inmadura, tuvo la contrapartida ventajosa del replanteamiento radical del hecho dramático. La consecuencia inmediata es la creación de la *Tragicomedia de don Cristóbal y la señá Rosita* (1922), farsa de guiñol, que significa la ruptura con el modernismo (*Mariana Pineda*, aunque posterior, sería obra de compromiso). La década de los años 20 se caracteriza por la dedicación a las farsas. A partir de los años 30, el poeta es solicitado por proyectos dramáticos muy diversos. Factores ajenos a la creación pura intervienen aquí. La línea iniciada por *El público* (1930) y continuada por *Así que pasen cinco años* (1931) —obras que el autor calificaba de «irrepresentables»—, se quiebra a partir de 1932 con la creación de *Bodas* y *Yerma* (1932-1934). Esta nueva orientación responde al propósito ya señalado de abrirse camino con éxito en los difíciles circuitos del teatro comercial. El poeta pacta estéticamente con el drama marquiniano. La *Comedia sin título* (1935-36), inacabada, constituye una especie de enlace con el ciclo abierto por *El público*. *Doña Rosita la soltera* (1935) abre una línea de preocupación social que, sin alcanzar las audacias de planteamiento del acto conocido de la *Comedia sin título* —revolución y contrarrevolución frente a frente en el cerrado espacio de un local teatral—, representa la incorporación de realidades inmediatas de la sociedad española de la época. *La casa de Bernarda Alba* se inscribe en esta línea.

Cabe clasificar por géneros esta compleja realidad dramática; Lorca es muy preciso al respecto. (Entiéndase el género como un código lingüístico históricamente determinado, no como entidad intemporal y que preexiste a las obras.) Las fechas principales remiten al primer estreno o lectura; entre paréntesis cuadrados se indica a veces la primera redacción.

1. *Farsas*. Dentro de ellas hay que distinguir dos clases que corresponden, en sentido estricto, a dos géneros distintos: a) *Farsas para guiñol: Tragicomedia de don Cristóbal y la señá Rosita* (1922); *La*

niña que riega la albahaca y el príncipe preguntón (1923); *Retablillo de don Cristóbal* (1931). b) *Farsas: La zapatera prodigiosa* (1930-1933 [1926]); *Amor de don Perlimplín con Belisa en su jardín* (1933 [1929]). La comicidad y la presencia de lo grotesco son rasgos de las obras farsescas y el poeta se ajusta a ellos. Pero al mismo tiempo la farsa lorquiana rebasa, en la hondura de sus planteamientos, la levedad tradicionalmente asignada a obras de este tipo. El teatro de títeres suscita comicidad y sensaciones grotescas por los procedimientos que le son habituales (porras en acción, distorsiones muy violentas, etc.), pero hay que recordar su extrema complejidad, que hizo pensar al poeta en su trasvase a teatro «normal». Están escritas en prosa, y en prosa y verso.

La *Tragicomedia* está basada en el conocido personaje guiñolesco de don Cristobita y sus apetencias amorosas, cifradas en doña Rosita. Obra deliciosa, de lenguaje ya bruñido, de estructura muy complicada, plantea el tema de la autenticidad de las relaciones amorosas. Al final, Rosita y su amante pobre, Cocoliche, acaban triunfando del rico e inhumano don Cristobita. El *Retablillo* es una versión reducida, en la que se acentúan los perfiles grotescos y se plantea el problema de la relación entre la persona y el papel social que debe cumplir. *La niña...* es un delicioso cuento infantil.

La zapatera prodigiosa conoció dos versiones. La atención del autor es buen indicio del valor que le concedía. Conflicto cervantino, quijotesco: la zapatera encarna el «mito de nuestra pura ilusión insatisfecha», según palabras de Lorca. Obra maestra por la conjugación de lenguaje, plasticidad, movimiento, gracia, raigambre popular.

Amor de don Perlimplín representa un experimento singular: se introducen elementos líricos en el cuerpo grotesco de la farsa; a través de esa extraña fusión se nos presenta el asunto tradicional del viejo enamorado. Rebasando cualquier planteamiento superficial, Lorca plantea un auténtico ritual de iniciación en el misterio amoroso.

2. *Comedias «imposibles»* (calificación del autor) o *ciclo de los misterios: El público* (1930); *Así que pasen cinco años* (1931). Planteamiento radicalmente nuevo. Se anulan las convenciones del teatro realista. Una *lógica dramática* enlaza las acciones y vertebra la

estructura, deudora, más allá de las apariencias, de las abstracciones del auto sacramental. La *Comedia sin título* enlaza parcialmente con este ciclo, ya que incorpora una realidad mucho más inmediata.

La acción de *El público* se desarrolla en el interior de un persona- je: un Director de teatro; éste es el espacio dramático. Todos sus fantasmas, sus pesadillas, se encarnan ante el espectador: la licitud del amor homosexual, la necesidad de un teatro auténticamente revolucionario, el problema de la personalidad, la importancia de los comportamientos auténticos, una vez destruida toda moral re- presiva... Sin ningún género de dudas, ésta es la obra más ambicio- sa de Lorca. Está escrita en prosa casi por completo.

Así que pasen cinco años dramatiza la historia íntima de un Joven atormentado. Gran parte de la obra se desarrolla también en la mente del protagonista durante un sueño. Incapaz de vivir —pa- dece una profunda impotencia—, sufre al final el castigo a que se ha hecho acreedor: la muerte. Escrita en prosa y verso, es de belleza y penetración únicas. Su estreno en Madrid, en septiembre de 1978, demostró su viabilidad dramática.

El único acto conservado de la *Comedia sin título* dramatiza, sobre el motivo del teatro en el teatro, la relación entre arte (dramático)/ revolución/contrarrevolución.

3. *Tragedias: Bodas de sangre* (1933); *Yerma* (1934). Formaban parte de una trilogía que quedó inacabada. En prosa y verso. Su escenario es una Andalucía mítica. Número reducido de persona- jes. Coros que comentan la acción. Prosa bruñida, de laconismo hiriente. El verso entra en los momentos más solemnes.

Bodas dramatiza una terrible historia de amor; *Yerma*, el tema de la infecundidad femenina. Obras geniales, representan la restaura- ción de la tragedia pura en lengua española. Lorca bebe en la misma fuente de la tragedia: el mito. Música, plástica, escenografía se conjugan con la palabra en síntesis única.

4. *Dramas:* tomando el término en su sentido más estricto, y no en el amplio de 'obra teatral' (*comedia* tiene también esta acep- ción), *Doña Rosita la soltera* (1935), y *La casa de Bernarda Alba* (1936) se acogen al patrón del *drama burgués*. Se dramatiza el mundo de la

burguesía urbana en un caso y rural en otro. Ambientes más
«realistas» que el de las tragedias, con función distinta del verso en
Doña Rosita. La preocupación social es muy intensa en ambas
obras. Podría también hablarse de drama urbano en _Doña Rosita_ y
rural en _La casa de Bernarda Alba_. Al clima de la primera de estas obras
pertenece el único acto conservado de _Los sueños de mi prima Aurelia_.

El maleficio de la mariposa (1920) y _Mariana Pineda_ (1927 [1925]),
responden a dos géneros típicos del teatro modernista: el drama
simbólico-fantástico y el histórico. Escritas en verso, a excepción
del prólogo de la primera obra, que lo está en prosa.

> _El maleficio_ traza una fabulilla en torno al amor imposible. Interesa
> más por lo que tiene de germen y de anuncio que por sus
> calidades propias. _Mariana Pineda_, aunque inserta en los cánones de
> la escuela, tiene mucho más interés: deben destacarse las altas
> calidades poéticas de algunas escenas y la perspectiva humana
> desde la que es enfocada la célebre heroína liberal. Como dijo el
> propio Lorca: «Es una Julieta sin Romeo y está más cerca del
> madrigal que de la oda.»

5. _Otras obras:_ _Lola la comedianta_ (1922-1924) es el libreto de una
ópera cómica cuya música iba a componer Manuel de Falla.
Guarda cierta relación con el clima de las farsas para guiñol.

5. _La casa de Bernarda Alba_

Federico García Lorca termina _La casa de Bernarda Alba_ el 19 de
junio de 1936. Días después la lee a algunos amigos. A primeros de
julio repite la lectura privada del texto. La obra debe haberse
escrito en la primavera de este año, seguramente en pocos días. En
las entrevistas periodísticas conservadas no hay el menor rastro de
la obra, y ése es un dato tanto a favor de la fecha tardía de redacción
como de la celeridad con que ha sido ejecutada. Quizá
haya podido influir en su rápida terminación el compromiso contraído
con Margarita Xirgu, la actriz de sus grandes éxitos, que,
tras interpretar a la entrañable doña Rosita, le había pedido un
papel de mujer mucho más duro. No es fácil saber si la versión hoy
conocida de la obra era de su entera satisfacción. Pero el original autógrafo
conservado es una copia en limpio, aunque con algunas co-

rrecciones, de un borrador previo, del que se ha conservado la primera página, que incluye el reparto dramático con referencias tachadas
a personajes que luego no aparecen. Algún testimonio parecería indicar que no era así: complacido con el primer acto, Lorca pensaba
rehacer los siguientes. Francisco, el hermano del poeta, cree que, de
haber vivido, el autor habría cambiado los nombres de algunos de
los personajes. Es claro que el original está falto de, al menos, una
última revisión, que hubiera subsanado algunos lapsus: así a Angustias, la hija mayor de Bernarda, se le atribuyen 36 años en el reparto
dramático, pero luego en el texto se señala que tiene 39 (Bernarda)
ó 40 (Magdalena); por dos veces, en el primer acto, se dice que las
hijas de Bernarda son seis y no cinco, etc.

Pero, en todo caso, el texto que hoy tenemos es el único al que
podemos atenernos. Y sus calidades son ciertamente muy altas.
Esto y el escaso tiempo que transcurre entre su creación y el
asesinato del autor, ha conducido a la crítica a valorarlo como la
primera obra madura del dramaturgo Lorca, que alcanza, al fin,
un sistema dramático propio, sin los escapes líricos del teatro
anterior. El dramaturgo, en suma, se impone sobre el poeta.
Hay aquí un claro prejuicio estético heredado del drama burgués: que el teatro tiene que estar en prosa. Los datos de que se
dispone sobre la actividad de Lorca en este último año de su vida,
impiden, por otra parte, alcanzar conclusiones simplificadoras.
Tras *La casa de Bernarda Alba*, Lorca trabaja todavía en el primer
acto de *Los sueños de mi prima Aurelia*, evocación de la infancia
granadina del poeta, donde el verso desempeña de nuevo un papel
importante. Sabemos que el poeta trabajaba también en *La destrucción de Sodoma*, tragedia como *Bodas* o *Yerma*, de la que parece
haber concluido un acto. La *Comedia sin título* capta también su
atención en este tramo final de su vida. No es posible, por tanto,
ver en *La casa de Bernarda Alba* el punto de partida de la futura
evolución dramática de Lorca, al margen de su innegable perfección. *Bernarda Alba* era una de las posibilidades del teatro lorquiano en 1936. El autor exploraba en múltiples direcciones: tragedia,
drama, misterio... Y si esta obra fue el único de los proyectos
pendientes que llegó a feliz término, no cabe sino imputarlo a un
hado dichoso, que seguramente encontró terreno abonado en la

especial incidencia que tienen las preocupaciones sociales sobre el dramaturgo en este momento.

Obra genial, una de las piezas capitales del teatro de este siglo, *La casa de Bernarda Alba* responde a la fórmula que conjuga el teatro de calidad con las posibilidades de funcionamiento dentro de los circuitos comerciales, de acuerdo con el propósito que el autor se había planteado a partir de 1932. No hay que olvidar la profunda verdad que encierran sus declaraciones de abril de 1936:

> Yo en el teatro he seguido una trayectoria definida. Mis primeras comedias son irrepresentables. Ahora creo que una de ellas, *Así que pasen cinco años*, va a ser representada por el Club Anfistora. En estas comedias imposibles está mi verdadero propósito. Pero para demostrar una personalidad y tener derecho al respeto he dado otras cosas.

Hay quien casi se ha escandalizado con estas palabras. Pero el deprimente panorama del teatro español de la época, dominado por el astracán de Muñoz Seca,[11] la comedia benaventina y el juguete cómico superficial, mediatizado por compañías regidas tiránicamente por las primeras figuras, y ordenado, en suma, por el beneficio comercial puro y simple, no permitía los saltos en el vacío. El ya citado fracaso del teatro de Valle-Inclán es ejemplo muy significativo, al que puede agregarse la imposibilidad del entonces muy joven Miguel Mihura (n. 1905) de estrenar *Tres sombreros de copa*, que debería esperar a ¡1952! (y subiría a la escena de la mano de un Teatro Universitario). A ese «verdadero propósito» responde la preparación del estreno de *Así que pasen cinco años* por un grupo experimental y la revisión de *El público* que parece ser se efectuaba en junio de 1936.

La casa de Bernarda Alba pertenece a una serie literaria muy en boga desde finales del siglo XIX y en el primer tercio de siglo: el drama rural. Las obras de mayor trascendencia del género se deben a Jacinto Benavente, el autor de *Señora ama* (1908) y *La Malquerida* (1913); pero no hay que olvidar el inmenso éxito de *La Dolores* (1892), de José Felíu y Codina (1847-1897), muy difundida

---

[11] Pedro Muñoz Seca (1881-1936), autor de obras de humor disparatado *(astracán)* que conocieron un éxito inmenso.

luego como libreto de la zarzuela del mismo título original del maestro Bretón. El último drama lorquiano sigue cronológicamente a *Doña Rosita la soltera*, otro drama. El espacio urbano se ha trocado en rural. «Drama de mujeres en los pueblos de España» se subtitula *Bernarda Alba;* «drama familiar» llama Lorca a *Doña Rosita* en unas declaraciones de 1935. Coincidencia o no, el ritmo creador del poeta se ajusta a una andadura muy coherente: a dos tragedias han sucedido dos dramas. Entre *Doña Rosita* y *Bernarda Alba* existen muchas diferencias, pero también factores comunes. El primero que salta a la vista es la radical frustración de las mujeres condenadas a no conocer varón. ¿Cuadra a *La casa de Bernarda Alba* aquella definición de *Doña Rosita* como «el drama [...] del ansia de gozar que las mujeres han de reprimir por fuerza?» Sin que la abarque por completo, como es lógico, hemos de convenir en la concordancia temática. En las dos obras nos movemos en el plano social de la burguesía acomodada; y el mundo dramático de ambas se sitúa en un plano cotidiano, realista —en cierto sentido—. Con *Doña Rosita*, nos hallamos en la sociedad de finales del siglo XIX y comienzos del actual; con *Bernarda Alba*, en la época contemporánea del autor. Tal encuadramiento temporal responde, sin duda, al propósito de ejercer la crítica social, la denuncia de modos y comportamientos colectivos. Esta preocupación social está muy acentuada en Lorca en los dos últimos años de su vida. No debe descartarse que el sesgo sombrío que toma la vida española desde 1934 haya influido al respecto. En diciembre de 1934, declara que, tras terminar su trilogía trágica, es su propósito

> hacer otro tipo de cosas, incluso comedia corriente de los tiempos actuales y llevar al teatro temas y problemas que la gente tiene miedo de abordar. Aquí, lo grave es que las gentes que van al teatro no quieren que se les haga pensar sobre ningún tema moral.

Vuelve sobre la cuestión en febrero de 1935:

> ... tengo en proyecto varios dramas de tipo humano y social. Uno de esos dramas será contra la guerra. Estas obras tienen una materia distinta a la de *Yerma* o *Bodas de sangre*, por ejemplo, y hay que tratarlas con distinta técnica también.

Estas declaraciones son simultáneas a la elaboración de *Doña Rosita la soltera*, que se termina a mediados de 1935. Conocemos algunos de los títulos de esos dramas: *Carne de cañón* —contra la guerra—, o *La piedra oscura* (que tuvo también el título de *La bola negra*), que trata el tema de la represión de la homosexualidad. No hay duda de que *Doña Rosita* es la primera de esas obras. «Se trata —dice de ella el autor— de la línea trágica de nuestra vida social: las españolas que se quedaban solteras.» Y: «Poema para familias, digo en los carteles que es esta obra, y no otra cosa es. ¡Cuántas damas maduras españolas se verán reflejadas en Doña Rosita como en un espejo!» Desde esta perspectiva, resulta muy coherente que las dos últimas obras lorquianas sean las que son. Ambas piezas están mucho más próximas de lo que a primera vista pudiera parecer. Las diferencias de tratamiento técnico están impuestas por los distintos climas escénicos. El uso del verso falta en *La casa de Bernarda Alba* y es frecuente en *Doña Rosita*, de acuerdo con el subtítulo: *Poema granadino del novecientos dividido en cantos y bailes*. Aquí el verso sirve básicamente a la recreación y parodia de una época que abarca desde 1885 a 1911. En *Bernarda Alba* se puede prescindir del verso, dada la época contemporánea en que se ubica y lo distante que se encuentra el mundo dramatizado en ella del universo mítico de las tragedias. Ciertas afinidades temáticas han llevado a la crítica a considerar que completa la trilogía trágica de Lorca. Pero esta hipótesis es muy débil a la vista de los datos externos e internos de que se dispone. De la poesía del mito hemos pasado a la poesía de la realidad o, si se quiere, a un *realismo poético*. La suma de ambos términos arroja un producto sumamente lejano al realismo del siglo XIX, dominado por el dogma de la realidad objetiva. Lorca gustaba del término «interpretación», y en esto coincide con las grandes corrientes estéticas de nuestro tiempo. En este sentido no debe inducir a engaño la advertencia que figura al frente de la obra sobre su intención de documental fotográfico: significa la constancia de aquella voluntad de denuncia, de crítica.

La profunda distancia que media entre este realismo poético y el realismo del siglo XIX, no debe ocultar la deuda que los dramas lorquianos contraen con algunos grandes maestros realistas. La huella de Chejov es visible en *Doña Rosita la soltera;* la de Ibsen, en *La casa de Bernarda Alba.* El influjo ibseniano es patente en la estructura clásica de la pieza, que se pliega casi por completo a las leyes de la unidad de tiempo y lugar. (Lo ha puesto de relieve el profesor Roberto Sánchez en un artículo excelente sobre la cuestión.)[12] Como en Ibsen, una imagen clave vertebra toda la obra, y está contenida en el mismo título. Recordemos algunas obras del autor noruego: *Casa de muñecas, Las columnas de la sociedad, Espectros...* No parece mero azar que la palabra *casa* encabece el título lorquiano. Fue Ibsen el primer dramaturgo que llevó a la escena los problemas de la condición femenina y reivindicó los derechos de la mujer. Nora, la protagonista de *Casa de muñecas,* capaz de rebelarse contra su marido, es la heroína paradigmática de Ibsen. Un impulso moral, ético, cimenta el teatro del gran dramaturgo noruego. Y ese impulso supone, además, el análisis de la sociedad en términos económicos. La coincidencia con *La casa de Bernarda Alba* es indiscutible. Ibsen ha servido de modelo importante a Lorca. Encontramos en el drama lorquiano la denuncia de unas situaciones intolerables padecidas de modo muy especial por la mujer. La sobriedad escénica —en todos los planos: escenografía, música, vestuarios, etc.— empalma con la austera, ceñida estructura teatral del Ibsen de los «dramas modernos». En este sentido se ha podido decir que la obra acepta las convenciones del drama realista. En efecto, asiente a ellas, las utiliza, pero con la finalidad precisa de superarlas, de trascenderlas. Aquí entra en juego el riquísimo lenguaje lorquiano penetrado de claves simbólicas que se trasladan a todo el sistema dramático: es el *realismo poético.*

En la evolución del drama rural, *La casa de Bernarda Alba* representa un paso gigantesco respecto a sus precursores. Benavente está preso todavía en las limitaciones del naturalismo, que lo llevan incluso a inventar un habla rural inexistente, nada verosímil. Lorca, en cambio, trabaja el idioma desde dentro, desde su espíritu, y así lo adecua a los diversos registros sociolingüísticos, sin forzar jamás el ruralismo. Basta el engaste del giro popular, o su reinvención. Todo esto fue ya señalado antes. La introducción de

---

[12] «La última manera dramática de García Lorca»; ver Bibliografía.

la dimensión simbólica en la escenografía constituye un desvío notorio de los postulados del drama rural. Se ha insistido, de todas formas, por parte de la crítica en la posible ascendencia de *La Malquerida*, de Benavente, sobre nuestra obra. Se ha señalado el paralelismo entre su mundo denso y cerrado, dominado por un rígido sentido de clase y por la honra, y el lorquiano. Se ha hecho notar cierto parecido entre las criadas Juliana y Poncia, y entre las heroínas Acacia y Adela. Pero la diferencia entre todas ellas es abismal, e incomparable la complejidad y entraña humana de las criaturas de Lorca. Benavente conocía bien el teatro ibseniano, pero, sin duda, Adela está mucho más cerca de Nora que la Acacia de don Jacinto, apenas capaz del desafío abierto, más víctima de su pasión por el padrastro que rival de su madre. Benavente, en definitiva, resulta incapaz de trascender la materia argumental. El ruralismo benaventino es convencional frente a la potente realidad del campo en Lorca. En síntesis: el realismo poético da lugar a *un producto literario nuevo*. La obra de García Lorca se sitúa en niveles de complejidad que no admiten parangón con sus antecedentes. Esos universos dramáticos tan toscos poca relación guardan con este orbe en que se presentan problemas capitales a la consideración de espectador o lector. Por eso, calificar *La casa de Bernarda Alba* como «drama rural» tiene inevitablemente algo de simplificador y de inexacto: es demasiado fuerte su ruptura con la tradición literaria de que procede.

Por lo demás, la fuente primera del drama no es literaria. La familia Alba existió en la realidad, y el autor la conoció de cerca en su infancia y adolescencia. Frasquita Alba, el «modelo» vital de Bernarda y mujer de acusada personalidad, residía en Valderrubio (Granada). Su casa era contigua a la de unos familiares de Lorca, con quienes compartía incluso el pozo. Otras referencias y otros episodios que se contienen en la obra poseen también cierta base real, según datos aportados por el hermano del poeta, Francisco, que se recogen en las notas correspondientes. No obstante, esa realidad primera ha sido profundamente reelaborada por el dramaturgo. Sabemos, por ejemplo, que Frasquita Alba enviudó y se volvió a casar; que tuvo también hijos varones; que el Pepe el Romano del drama (ver p. 67), personaje con cierta base real, se casó con una hija menor de Frasquita tras enviudar de otra mayor, etcétera.

¿Qué otras influencias ha podido recibir la obra? Se ha aducido alguna vez la obra de Gabriele D'Annunzio, *Sueño de un atardecer de otoño*. Lorca puede haber conocido la pieza dannunziana, que había sido traducida. Hasta diez mujeres integran el elenco del *Sueño*, centrado en un perturbador conflicto de amor y celos. También el varón invisible y deseado mueve los hilos de la trama. Sin duda es grande la distancia que media entre la refinada y decadente tragedia del autor italiano, situada en el fastuoso marco del Renacimiento, y el desgarrado ambiente andaluz de la obra lorquiana. La viudedad de Gradéniga y la de Bernarda no guardan relación alguna. Pero no se puede negar la posibilidad de que la tragedia dannunziana contribuyera a perfilar el protagonismo exclusivo de la mujer en la obra de Lorca. D'Annunzio, autor celebrado por el modernismo, seguía gozando de mucho prestigio por los años 20 y 30: lo demuestran las traducciones y representaciones de su teatro. Lorca había podido ver en 1926, en Madrid, la puesta en escena de *La hija de Iorio,* una tragedia que debe considerarse al estudiar el ciclo trágico del autor español.

Sí hubo un modelo decisivo: *Doña Perfecta*, de Benito Pérez Galdós. Creemos haber demostrado la dependencia del personaje lorquiano respecto a la creación galdosiana, que ya había sido apuntada por otros estudiosos[13]. Esa dependencia se produce más en relación con la adaptación dramática de la novela que con ésta. Lorca, educado en la tradición liberal-republicana y partidario, por tanto, de las mismas ideas de tolerancia y libertad que el autor de los *Episodios Nacionales* —una de sus mayores admiraciones literarias—, *recreó* el modelo galdosiano, que le facilitaba claves temáticas sustanciales, como la intolerancia inquisitorial y el reaccionarismo profundo cifrados en el personaje de doña Perfecta.

Podríamos hablar todavía de reminiscencias, ecos más o menos precisos, de los grandes clásicos que el poeta frecuentaba. Es claro, por ejemplo, que María Josefa, la demente senil, madre de Bernarda, posee cierta aureola shakespeareana —se ha pensado en el bufón del *Rey Lear*—, y no es desacertado tampoco asociarla al

---

[13] En el artículo «Realidad y transfiguración artística en *La casa de Bernarda Alba*»; ver Bibliografía.

profético Tiresias del *Edipo rey* de Sófocles. En Bernarda se alberga
una rígida, implacable depositaria de la tradición y el orden
heredados, que en alguna medida conecta con los maridos y reyes
vengadores del honor afrentado de tantas obras del teatro del Siglo
de Oro. En este sentido se ha traído a colación más de una vez el
nombre de Calderón. Y es verdad que hay algo en Bernarda de
aquellos tremendos guardianes de su honor. Pero, al hablar del
influjo calderoniano, se está entrando quizá más en determinados
aspectos ideológicos de la obra que valorando una específica relación literaria. Acaso pueda rastrearse alguna huella de *La Celestina*
en la cerrada hostilidad que preside el comportamiento de la
servidumbre con Bernarda. Sin ser dato probatorio, no deja de
poseer cierto interés que se llame también Poncia otra criada de la
Segunda Celestina, de Feliciano de Silva, y de su continuación por
Gaspar Gómez de Toledo.[14] Desde luego, *La Celestina* es el único an-
tecedente dramático castellano de gran categoría en esa hostilidad,
en ese odio del criado al señor.[15]

La obra que hoy se edita es una de las cumbres del teatro
europeo de este siglo. El gran musicólogo Adolfo Salazar recordaba en 1938, cuando la pieza aún estaba inédita, que «Federico leía
su obra a todos sus amigos, dos, tres veces cada día. Cada uno de
los que llegaban y le rogaba que le leyese el nuevo drama, lo
escuchaba de sus labios, en acentos que no hubiera superado el
mejor trágico». Y agregaba Salazar que el poeta llevaba constante-
mente en su bolsillo el original de la obra. La catástrofe que sólo
días más tarde se desencadenó sobre España, y segó la vida de
Lorca —y la de tantos otros—, impidió que el drama se represen-
tara ante el público para el que el autor de modo inmediato lo
había concebido. Pero la palabra poética es capaz de sobrevivir al
horror. Hermoso ejemplo es esta *Casa de Bernarda Alba*.

[14]   *La Celestina* dio lugar a numerosas obras que la siguen más o menos de cerca e
integran el género celestinesco. Las más próximas al texto de Fernando de Rojas son:
Segunda comedia de la Celestina, o *Segunda Celestina* (1534), de Feliciano de Silva; la
Tercera parte de la tragicomedia de Celestina, de Gaspar Gómez de Toledo (1536); y la
Tragicomedia de Lisandro y Roselia llamada Elicia o *Tercera Celestina* (1542), de Sancho de
Muñón. Y *La Dorotea* de Lope se acogería también a este paradigma.

[15]   Dado el carácter didáctico de esta edición, el autor ha omitido casi por completo
referencias bibliográficas y precisiones eruditas.

Bibliografía

Álvarez de Miranda, Ángel: «Poesía y religión», *Revista de Ideas Estéticas*, XI (1953), pp. 221-251. Reimpreso con el título de *La metáfora y el mito*, Madrid, Taurus, 1963 («Cuadernos Taurus»). Estudio breve pero capital sobre la presencia de temas, motivos y mitos de las religiones arcaicas en la obra lorquiana.

García Lorca, Francisco: «*La casa de Bernarda Alba*», en *Federico y su mundo*, Madrid, Alianza Editorial, 1981, 2.ª ed. («Alianza Tres»), pp. 372-397. El hermano del poeta aborda con rigor el análisis de la técnica dramática aplicada por el autor en esta obra.

García-Posada, Miguel: «Realidad y transfiguración artística en *La casa de Bernarda Alba*», en Ricardo Doménech, ed.: «*La casa de Bernarda Alba* y el teatro de García Lorca», Madrid, Cátedra, Teatro Español, 1985, pp. 149-170. Se abordan los modelos vitales y literarios en los que se basó Loca para esta obra y la reelaboración a que los sometió.

Lázaro Carreter, Fernando: «Apuntes sobre el teatro de García Lorca» (1960), en Ildefonso-Manuel Gil, ed.: *F. G. L.*, Madrid, Taurus, 1973 («El escritor y la crítica»), pp. 271-286. Artículo muy esclarecedor sobre el propósito, las estructuras y el sentido trágico del teatro lorquiano.

Rubia Barcia, J.: «El realismo 'mágico' de *La casa de Bernarda Alba*» (1965), incluido en el volumen citado anteriormente, pp. 301-320. Se capta con mucha penetración el trasfondo simbólico de la obra.

Sánchez, Roberto: «La última manera dramática de García Lorca. (Hacia una clarificación de lo 'social' en su teatro.)», *Papeles de Son Armadans*, LX (1971), pp. 83-102. Análisis penetrante del influjo de Ibsen en *La casa de Bernarda Alba*.

Federico
García Lorca
(1935)

Federico interpretando
el papel de
"La sombra" en el
auto sacramental
La vida es sueño
de Calderón.
El decorado es de
Benjamín Palencia.

García Lorca con Margarita Xirgu (en Yerma)
y Cipriano Rivas Cherif

Un grupo de "La Barraca" en Salamanca.

La casa de la familia Alba en Valderrubio, Granada.

Cándida Losada en el papel de Bernarda (Estreno en España de *La casa...* en 1964 bajo la dirección de Juan Antonio Bardem).

— La casa de Bernarda Alba —

Drama ~~de~~ de mujeres en los pueblos de España

Parrarras

Bernarda	60 años
María Josefa (madre de Bernarda)	80 años
Angustias (hija de BB)	3 0
Magdalena	27
Amelia	24
Martirio	20
Adela	50
~~...~~ (criada)	
La Poncia criada	60
Poncuria	50
~~...~~	
~~...~~	2/5
~~...~~	
~~...~~	4.0
A racali	mujeres de luto
~~...~~	
~~...~~ criadas	
~~...~~	
~~...~~ de la pastora —	

— ~~...~~ —

El poeta advierte que estos tres actos tienen la
intención de un documental fotográfico

que le orean de las alamedas por otro día cerca.

¡Descolgarla! Mi hija ha muerto virgen! ¡Llevadla a su cuarto y vestidla como si fuera doncella. ¡Nadie diga nada! Ella ha muerto virgen! Avisad que al amanecer den dos clamores las campanas!

Mar— Dichosa ella mil veces que lo pudo tener.

B.— Y no quiero llantos. La muerte hay que mirarla cara a cara. ¡Silencio! (a otra hija) ¡A callar he dicho! (a otra hija) ¡Las lágrimas cuando estés sola! Nos hundiremos inmediatamente todas en un mar de luto! Ella la hija menor de Bernarda Alba ha muerto virgen. Me habéis oído? Silencio, silencio he dicho ¡Silencio!

Telón—

(día viernes 19 de Junio 1936

Nota previa

La presente edición está basada en el manuscrito autógrafo que se conserva en los archivos de los herederos de Federico García Lorca. La primera edición fue publicada por la Editorial Losada en 1945, tras su estreno en Buenos Aires el 8 de marzo del mismo año, por la compañía de Margarita Xirgu. Esa edición se basa en una copia no autorizada del original, y ofrece errores notorios. Sobre este impreso se han venido realizando las sucesivas ediciones de *La casa de Bernarda Alba*. El original autógrafo es el único texto fiable, dado que no parecen existir copias revisadas por el autor. Este manuscrito presenta algunos pequeños lapsus, ya mencionados: Angustias tiene 36 años en el reparto dramático, pero luego Bernarda fija su edad en «treinta y nueve justos»; por dos veces, en el primer acto, se habla de las *seis* hijas de Bernarda, acaso incluyendo por extensión a la vieja María Josefa, la madre, pero, en todo caso, de modo inapropiado. He subsanado estos lapsus, dadas las características de esta edición. En cambio, he mantenido ciertas alternancias existentes en las denominaciones de algunos personajes: Criada y Criada 1.ª; la Poncia y Poncia (reservado el uso del artículo para las acotaciones); Muchacha y Muchacha 1.ª El manuscrito ofrece algunas dificultades de lectura, no extrañas en un original autógrafo. En el caso de estos pasajes problemáticos he confrontado mi transcripción con la efectuada por Mario Hernández (*Obras de G. L.*, 4, Madrid, 1981). Por la naturaleza de esta edición, se ha eliminado cualquier precisión de tipo textual en las notas. Se ha completado la puntuación del original que, conforme a los hábitos del autor, es escasa. Pero, dentro de esa línea, se ha procurado mantener la máxima fidelidad posible al manuscrito. En este sentido es de destacar el uso tan abundante que se hace en él de los signos de exclamación. Se trata de un rasgo común a todos los autógrafos de Loca, que en los textos dramáticos resulta quizá más llamativo. Y, sin duda, es muy teatral, como todo el sistema de notación empleado. No se olvide que, para Lorca, *redactar* un drama era trasladarlo «de la mente a la escena.»

LA CASA DE BERNARDA ALBA

Drama de mujeres en los pueblos de España[1]

---

(1) El poeta no se circunscribe a un ámbito local o regional. De hecho, en el manuscrito, bajo la relación de personas, ha sido tachado: *La acción en un pueblo andaluz de tierra seca*. Lo andaluz está simplemente sugerido —paredes blancas, olivares, verano calurosísimo— y es accesorio para la comprensión de la obra.

PERSONAS

Bernarda, 60 años

María Josefa (madre de Bernarda), 80 años

Angustias (hija de Bernarda), 39 años

Magdalena (hija de Bernarda), 30 años

Amelia (hija de Bernarda), 27 años

Martirio (hija de Bernarda), 24 años

Adela (hija de Bernarda), 20 años

Criada, 50 años

La Poncia (criada) 60 años

Prudencia, 50 años[2]

Mendiga

Mujeres de luto

Mujer 1.ª

Mujer 2.ª

Mujer 3.ª

Mujer 4.ª

Muchacha

El poeta advierte que estos tres actos tienen la intención de un documental fotográfico.

---

(2) Las edades están cuidadosamente calculadas, de modo que exista cierta correspondencia con la conducta de los personajes. Algunos críticos han señalado el carácter simbólico de los nombres. *Alba* (lat. *albus*) significa

ACTO PRIMERO

Habitación blanquísima del interior de la casa de Bernarda. Muros gruesos. Puertas en arco con cortinas de yute[1] rematadas con madroños[2] y volantes. Sillas de anea.[3] Cuadros con paisajes inverosímiles de ninfas, o reyes de leyenda. Es verano. Un gran silencio umbroso se extiende por la escena. Al levantarse el telón está la escena sola. Se oyen doblar las campanas.

(Sale la CRIADA 1.ª*)*[3]

CRIADA. Ya tengo el doble de esas campanas metido entre las sienes.

---

[1] *yute:* fibra textil que se obtiene de distintas plantas de América y Asia.
[2] *madroños:* borlitas semejantes al fruto del madroño.   [3] *anea:* planta cuyas hojas se emplean para hacer asientos de sillas.

~~~~~~~~~~~~~~~~~~~~~~~~~~~~~~~

blanca. La correspondencia del apellido con la blancura de las paredes (ver **3**) parece clara, y, por tanto, debe ser relacionada con su obsesión por las apariencias. *Bernarda,* de origen germánico, significa «con fuerza de oso», y alguna relación ha de haber con la violencia y el vigor del personaje. Resulta fácil la identificación de *Angustias* (nombre por lo demás muy granadino) con sus treinta y nueve años y su virginidad. Lo mismo sucede con *Magdalena:* es bondadosa y llora con abundancia. El simbolismo es visible en *Martirio:* apasionada y físicamente defectuosa. El nombre de *Adela* significa «de naturaleza noble», y se ha dicho que en su misma eufonía se ajusta a la juventud y espontaneidad del personaje. Respecto a *Poncia,* se han señalado ya los antecedentes literarios del nombre. Con Poncio (Pilatos) podría compartir la tendencia a lavarse las manos en toda decisión importante y el ser «gobernanta» (ama de llaves). Esta última identificación es más problemática: en cuanto al raro nombre, el personaje parece poseer cierta base real. En cambio, sí resulta clara la asociación simbólica de *Prudencia:* tiene la resignación y sabiduría propias de la vejez. Y el nombre de *María Josefa* contiene el de los padres de Cristo: por eso, en el tercer acto, dice que quiere ir a «los ramos del Portal de Belén».

(3) La habitación no es simplemente *blanca,* sino *blanquísima.* Valor simbólico nítido: lo que importan son las apariencias. (Tampoco debe

LA PONCIA. *(Sale comiendo chorizo y pan.)* Llevan ya más de dos horas
de gori-gori.[4] Han venido curas de todos los pueblos. La iglesia
está hermosa. En el primer responso se desmayó la Magdalena.[5]

CRIADA. Ésa es la que se queda más sola.

PONCIA. Era a la única que quería el padre. ¡Ay! Gracias a Dios
que estamos solas un poquito. Yo he venido a comer.

CRIADA. ¡Si te viera Bernarda!

PONCIA. ¡Quisiera que ahora, como no come ella, que todas nos
muriéramos de hambre! ¡Mandona! ¡Dominanta![6] ¡Pero se
fastidia! Le he abierto la orza[7] de chorizos.

CRIADA. *(Con tristeza, ansiosa.)* ¿Por qué no me das para mi niña,
Poncia?

PONCIA. Entra y llévate también un puñado de garbanzos. ¡Hoy
no se dará cuenta!

VOZ. *(Dentro.)* ¡Bernarda!

PONCIA. La vieja. ¿Está bien encerrada?

CRIADA. Con dos vueltas de llave.

PONCIA. Pero debes poner también la tranca.[8] Tiene unos dedos
como cinco ganzúas.

---

[4] *gori-gori:* voz onomatopéyica con que vulgarmente se alude al canto lúgubre de
los entierros. El vulgarismo caracteriza socialmente al personaje   [5] *la Magdalena:* la
anteposición del artículo ante el nombre propio cumple idéntica función a la señalada
en nota 4.   [6] *¡Mandona! ¡Dominanta!:* vulgarismos (ver nota 4).   [7] *orza:* vasija de
barro.   [8] *tranca:* palo grueso que se pone para mayor firmeza, a manera de puntal o
atravesado, detrás de un puerta o ventana cerrada.

---

descartarse alguna relación con la virginidad de las hijas de Bernarda.) Los
muros son *gruesos:* protegen, pues, la intimidad de la casa, impiden que se
filtre al exterior cualquier palabra inconveniente. La forma de las puertas,
en arco, es también significativa: el *arco* es símbolo constante de la muerte en
Lorca. La habitación aparece así con una cierta forma de nicho. Y es
interior, sin comunicación inmediata con la calle, aunque se trate de la sala
de entrada. Los cuadros con *paisajes inverosímiles...* sirven para más que para
decorar la casa de una familia acomodada: indican la existencia de mun-
dos fabulosos, bien distintos de la monotonía de la vida pueblerina; acaso
expresen los deseos de los habitantes de la casa. El *silencio umbroso* ('con
sombra') corresponde al mediodía cálido de un pueblo andaluz en verano.
Sólo es alterado por el sonido funeral de las campanas.

VOZ. ¡Bernarda!

PONCIA. *(A voces.)* ¡Ya viene! *(A la* CRIADA.*)* Limpia bien todo. Si Bernarda no ve relucientes las cosas me arrancará los pocos pelos que me quedan.

CRIADA. ¡Qué mujer!

PONCIA. Tirana de todos los que la rodean. Es capaz de sentarse encima de tu corazón y ver cómo te mueres durante un año sin que se le cierre esa sonrisa fría que lleva en su maldita cara. ¡Limpia, limpia ese vidriado!

CRIADA. Sangre en las manos tengo de fregarlo todo.

PONCIA. Ella, la más aseada, ella, la más decente, ella, la más alta. Buen descanso ganó su pobre marido.

(Cesan las campanas.)

CRIADA. ¿Han venido todos sus parientes?

PONCIA. Los de ella. La gente de él la odia. Vinieron a verlo muerto, y le hicieron la cruz.[9]

CRIADA. ¿Hay bastantes sillas?

PONCIA. Sobran. Que se sienten en el suelo. Desde que murió el padre de Bernarda no han vuelto a entrar las gentes bajo estos techos. Ella no quiere que la vean en su dominio. ¡Maldita sea!

CRIADA. Contigo se portó bien.

PONCIA. Treinta años lavando sus sábanas, treinta años comiendo sus sobras,[10] noches en vela cuando tose, días enteros mirando por la rendija para espiar a los vecinos y llevarle el cuento; vida sin secretos una con otra, y sin embargo, ¡maldita sea! ¡mal dolor de clavo[11] le pinche en los ojos!

CRIADA. ¡Mujer!

PONCIA. Pero yo soy buena perra: ladro cuando me lo dice y muerdo los talones de los que piden limosna cuando ella me azuza; mis hijos trabajan en sus tierras y ya están los dos casados, pero un día me hartaré.

---

[9] *le hicieron la cruz :* hacerle a uno la cruz es dar a entender que nos queremos guardar o librar de él. *Le* se refiere aquí a Bernarda. [10] *comiendo sus sobras :* cabe incluso la interpretación literal; ver más adelante, pág. 55. [11] *dolor de clavo :* dolor muy intenso.

CRIADA. Y ese día...

PONCIA. Ese día me encerraré con ella en un cuarto y le estaré
    escupiendo un año entero. «Bernarda, por esto, por aquello, por
    lo otro», hasta ponerla como un lagarto machacado por los
    niños, que es lo que es ella y toda su parentela.[12] Claro es que
    no le envidio la vida. Le quedan cinco mujeres, cinco hijas feas,
    que quitando a Angustias, la mayor, que es la hija del primer
    marido y tiene dineros, las demás, mucha puntilla[13] bordada,
    muchas camisas de hilo, pero pan y uvas por toda herencia.

CRIADA. ¡Ya quisiera tener yo lo que ellas!

PONCIA. Nosotras tenemos nuestras manos y un hoyo en la tierra
    de la verdad.

CRIADA. Ésa es la única tierra que nos dejan a los que no
    tenemos nada.

PONCIA. *(En la alacena.)* Este cristal tiene unas motas.

CRIADA. Ni con el jabón ni con bayeta se le quitan.

(Suenan las campanas.)

PONCIA. El último responso. Me voy a oírlo. A mí me gusta
    mucho cómo canta el párroco. En el «Pater Noster» subió,
    subió, subió la voz que parecía un cántaro llenándose de agua
    poco a poco. ¡Claro es que al final dio un gallo, pero da gloria
    oírlo! Ahora que nadie como el antiguo sacristán Tronchapi-
    nos.[14] En la misa de mi madre, que esté en gloria, cantó.
    Retumbaban las paredes y cuando decía amén era como si un
    lobo hubiese entrado en la iglesia. *(Imitándolo.)* ¡Améééem![15]
    (Se echa a toser.) [(4)]

---

[12] *parentela:* familia; vulgarismo (ver nota 4).   [13] *puntilla:* encaje hecho de puntas u
ondas.[14] *Tronchapinos:* así se llamaba una sacristán de Granada, famoso por su gran
voz.   [15] *¡Améééem!:* la ortografía no académica —así en el manuscrito— se relaciona
con la comparación.

[(4)] Agresiva, lengua afilada, Poncia está definitivamente dibujada en
este comienzo de la obra. No siente afecto alguno por Bernarda: la sirve
por necesidad, pero la odia. La lucha de clases está aquí presente desde el
principio, sin enmascaramientos.

CRIADA. Te vas a hacer el gaznate[16] polvo.

PONCIA. ¡Otra cosa hacía polvo yo![17] *(Sale riendo.)*

(La CRIADA *limpia. Suenan las campanas.)*

CRIADA. *(Llevando el canto.)* Tin, tin, tan. Tin, tin, tan. ¡Dios lo haya perdonado!

MENDIGA. *(Con una niña.)* ¡Alabado sea Dios!

CRIADA. Tin, tin, tan. ¡Que nos espere muchos años! Tin, tin, tan.

MENDIGA. *(Fuerte, con cierta irritación.)* ¡Alabado sea Dios!

CRIADA. *(Irritada.)* ¡Por siempre!

MENDIGA. Vengo por las sobras.

(Cesan las campanas.)

CRIADA. Por la puerta se va a la calle. Las sobras de hoy son para mí.

MENDIGA. Mujer, tú tienes quien te gane. Mi niña y yo estamos solas.

CRIADA. También están solos los perros y viven.

MENDIGA. Siempre me las dan.

CRIADA. Fuera de aquí. ¿Quién os dijo que entrarais? Ya me habéis dejado los pies señalados. *(Se van, limpia.)* Suelos barnizados con aceite, alacenas, pedestales, camas de acero,[18] para que traguemos quina las que vivimos en las chozas de tierra con un plato y una cuchara. ¡Ojalá que un día no quedáramos ni uno para contarlo! *(Vuelven a sonar las campanas.)* Sí, sí, ¡vengan clamores!, ¡venga caja con filos dorados y toallas de seda para llevarla!; ¡que lo mismo estarás tú que estaré yo! Fastídiate, Antonio María Benavides,[19] tieso con tu traje de paño y tus botas enterizas.[20] ¡Fastídiate! ¡Ya no volverás a levantarme las

---

[16] *gaznate:* parte superior de la tráquea; vulgarismo (ver nota 4).   [17] Alusión obscena. Erotismo típicamente popular.   [18] Toda esta enumeración tiene claro valor simbólico: alude a la riqueza de Bernarda.   [19] La mención del nombre y los apellidos es típica de la literatura de base folclórica.   [20] *botas enterizas:* botas altas.

enaguas detrás de la puerta de tu corral! *(Por el fondo, de dos en dos, empiezan a entrar* MUJERES DE LUTO, *con pañuelos grandes, faldas y abanicos negros. Entran lentamente hasta llenar la escena.)*

CRIADA. *(Rompiendo a gritar.)* ¡Ay Antonio María Benavides, que ya no verás estas paredes, ni comerás el pan de esta casa! Yo fui la que más te quiso de las que te sirvieron. *(Tirándose del cabello.)* ¿Y he de vivir yo después de haberte marchado? ¿Y he de vivir?

(Terminan de entrar las doscientas MUJERES[21] *y aparece* BERNARDA *y sus cinco* HIJAS. *Bernarda viene apoyada en un bastón)*[5]

BERNARDA. *(A la* CRIADA.*)* ¡Silencio!

CRIADA. *(Llorando.)* ¡Bernarda!

BERNARDA. Menos gritos y más obras. Debías haber procurado que todo esto estuviera más limpio para recibir al duelo. Vete. No es éste tu lugar. *(La* CRIADA *se va sollozando.)* Los pobres son como los animales. Parece como si estuvieran hechos de otras sustancias.[6]

MUJER 1.ª Los pobres sienten también sus penas.

BERNARDA. Pero las olvidan delante de un plato de garbanzos.

MUCHACHA 1.ª *(Con timidez.)* Comer es necesario para vivir.

BERNARDA. A tu edad no se habla delante de las personas mayores.

---

[21] doscientas *mujeres:* muchas. Hipérbole característica de Lorca.

---

(5) Nótese la profunda teatralidad (es decir, intensidad de los efectos escénicos y dramáticos) de toda la situación. En primer lugar, los gestos y gritos de la Criada, cuyas palabras dirigidas al difunto introducen en la escena un crudo erotismo que se irá intensificando de manera gradual. En segundo lugar, la entrada de Bernarda, precedida de *doscientas* mujeres. Nótense la indumentaria, los abanicos, y el clima casi ceremonial que rodea la aparición en escena de Bernarda y sus hijas. Repárese en ese bastón, que va a ser de una contundente eficacia dramática, con su doble significado simbólico: signo de autoridad, es también un símbolo fálico. El transcurso de la obra lo pondrá de manifiesto.

(6) Bernarda entra imponiendo silencio y exigiendo más limpieza. El personaje ha sido en buena medida definido: autoridad y orden (apariencias).

MUJER 1.ª Niña, cállate.

BERNARDA. No he dejado que nadie me dé lecciones. Sentarse.[22] *(Se sientan. Pausa. Fuerte.)* Magdalena, no llores. Si quieres llorar te metes debajo de la cama. ¿Me has oído?

MUJER 2.ª *(A* BERNARDA.*)* ¿Habéis empezado los trabajos en la era?

BERNARDA. Ayer.

MUJER 3.ª Cae el sol como plomo.

MUJER 1.ª Hace años no he conocido calor igual.

(Pausa. Se abanican todas.)

BERNARDA. ¿Está hecha la limonada?

PONCIA. Sí, Bernarda. *(Sale con una gran bandeja llena de jarritas blancas, que distribuye.)*[23]

BERNARDA. Dale a los hombres.[24]

PONCIA. La están tomando en el patio.

BERNARDA. Que salgan por donde han entrado. No quiero que pasen por aquí.

MUCHACHA. *(A* ANGUSTIAS.*)* Pepe el Romano estaba con los hombres del duelo.

ANGUSTIAS. Allí estaba.

BERNARDA. Estaba su madre. Ella ha visto a su madre. A Pepe no lo ha visto ni ella ni yo.[7]

MUCHACHA. Me pareció...

BERNARDA. Quien sí estaba era el viudo de Darajalí.[25] Muy cerca de tu tía. A ése lo vimos todas.

---

[22] *sentarse:* forma coloquial del imperativo. Se da en otras ocasiones. [23] Acaso no sea casual tampoco el color blanco de las jarritas. Ver **2**. [24] Este uso de *le* referido a un complemento en plural no es académico, pero es frecuente en el habla coloquial y en la lengua escrita, y está respaldado por nuestros autores clásicos, que también lo utilizan. [25] *Darajalí:* lugar cercano a Fuente Vaqueros.

(7) Temiendo que se pueda sospechar de su hija, Bernarda niega la realidad. Es ésta la que debe adecuarse a sus deseos. No se olvide este rasgo capital de su persona.

MUJER 2.ª *(Aparte y en baja voz.)* ¡Mala, más que mala!

MUJER 3.ª *(Aparte y en baja voz.)* ¡Lengua de cuchillo!

BERNARDA. Las mujeres en la iglesia no deben mirar más hombre que al oficiante, y a ése porque tiene faldas. Volver la cabeza es buscar el calor de la pana.

MUJER 1.ª *(En voz baja.)* ¡Vieja lagarta recocida!

PONCIA. *(Entre dientes.)* ¡Sarmentosa[26] por calentura de varón!

BERNARDA. *(Dando un golpe de bastón en el suelo.)* Alabado sea Dios.

TODAS. *(Santiguándose.)* Sea por siempre bendito y alabado.

BERNARDA. Descansa en paz con la santa
 compaña de cabecera.[27]

TODAS. ¡Descansa en paz!

BERNARDA. Con el ángel San Miguel
 y su espada justiciera.

TODAS. ¡Descansa en paz!

BERNARDA. Con la llave que todo lo abre
 y la mano que todo lo cierra.[28]

TODAS. ¡Descansa en paz!

BERNARDA. Con los bienaventurados
 y las lucecitas del campo[29].

TODAS. ¡Descansa en paz!

BERNARDA. Con nuestra santa caridad
 y las almas de tierra y mar.

TODAS. ¡Descansa en paz!

BERNARDA. Concede el reposo a tu siervo Antonio María Benavides y dale la corona de tu santa gloria.

TODAS. Amén.

BERNARDA. *(Se pone de pie y canta.)* «Requiem aeternam dona eis Domine.»[30]

TODAS. *(De pie y cantando al modo gregoriano.)* «Et lux perpetua luceat eis.» *(Se santiguan.)*[31]

MUJER 1.ª Salud para rogar por su alma. *(Van desfilando.)*

---

[26] *sarmentosa:* molesta, retorcida. [27] *santa compaña:* cortejo de almas en pena. Mencionadas más abajo en *las almas de tierra y mar.* Toda esta letanía es invención de Lorca. [28] Alusión al mundo sobrenatural. [29] Nueva referencia a la santa compaña. [30] «Dales, Señor, el descanso eterno.» [31] «Y la luz perpetua brille para ellos.» Este pasaje y el anterior proceden del Memento de Difuntos.

MUJER 3.ª No te faltará la hogaza de pan caliente.

MUJER 2.ª Ni el techo para tus hijas. *(Van desfilando todas por delante de* BERNARDA *y saliendo.)*

(Sale ANGUSTIAS *por otra puerta, la que da al patio.)*

MUJER 4.ª El mismo lujo de tu casamiento lo sigas disfrutando.

PONCIA. *(Entrando con una bolsa.)* De parte de los hombres esta bolsa de dineros para responsos.

BERNARDA. Dales las gracias y échales una copa de aguardiente.

MUCHACHA. *(A* MAGDALENA.*)* Magdalena.

BERNARDA. *(A sus hijas. A* MAGDALENA, *que inicia el llanto.)* Chissssss. *(Salen todas. Golpea con el bastón. A las que se han ido.)* ¡Andar a vuestras cuevas a criticar todo lo que habéis visto! Ojalá tardéis muchos años en volver a pasar el arco de mi puerta.[32](8)

PONCIA. No tendrás queja ninguna. Ha venido todo el pueblo.

BERNARDA. Sí; para llenar mi casa con el sudor de sus refajos y el veneno de sus lenguas.

AMELIA. ¡Madre, no hable usted así![33]

BERNARDA. Es así como se tiene que hablar en este maldito pueblo sin río, pueblo de pozos, donde siempre se bebe el agua con el miedo de que esté envenenada.[34]

PONCIA. ¡Cómo han puesto la solería![35]

BERNARDA. Igual que si hubiese pasado por ella una manada de cabras. *(La* PONCIA *limpia el suelo.)* Niña, dame un abanico.

---

[32] Esta referencia al *arco* de la puerta encierra probablemente una sugestión simbólica.   [33] El tratamiento de respeto de hijos a padres se mantuvo en las zonas rurales hasta hace no muchos años. En cambio, Poncia y la Criada tratan a Bernarda de tú (salvo en el acto III, p. 101, en el que parece un pequeño lapsus). Las fórmulas de tratamiento parecen, pues, estar más en función de la edad que de las diferencias sociales. [34] Recuérdese lo dicho en la *Introducción* (pp. 25-26) sobre el simbolismo erótico de *río*. En contraste con él, el *pozo* es símbolo de muerte.   [35] *solería:* suelo con baldosas. Véase la acotación siguiente.

---

(8) Está ya creado el ambiente enrarecido: gestos contundentes de Bernarda, universo femenino, del que el varón está proscrito, comentarios en voz baja de las mujeres...

ADELA. Tome usted. *(Le da un abanico redondo con flores rojas y verdes.)*

BERNARDA. *(Arrojando el abanico al suelo.)* ¿Es éste el abanico que se da a una viuda? Dame uno negro y aprende a respetar el luto de tu padre.[9]

MARTIRIO. Tome usted el mío.

BERNARDA. ¿Y tú?

MARTIRIO. Yo no tengo calor.

BERNARDA. Pues busca otro, que te hará falta. En ocho años que dure el luto no ha de entrar en esta casa el viento de la calle.[36] Haceros cuenta que hemos tapiado con ladrillos puertas y ventanas. Así pasó en casa de mi padre y en casa de mi abuelo. Mientras, podéis empezar a bordar el ajuar. En el arca tengo veinte piezas de hilo con el que podréis cortar sábanas y embozos.[37] Magdalena puede bordarlas.

MAGDALENA. Lo mismo me da.

ADELA. *(Agria.)* Si no quieres bordarlas, irán sin bordados. Así las tuyas lucirán más.

MAGDALENA. Ni las mías ni las vuestras. Sé que ya no me voy a casar. Prefiero llevar sacos al molino. Todo menos estar sentada días y días dentro de esta sala oscura.[38]

BERNARDA. Eso tiene ser mujer.

MAGDALENA. Malditas sean las mujeres.

BERNARDA. Aquí se hace lo que yo mando. Ya no puedes ir con el cuento a tu padre. Hilo y aguja para las hembras. Látigo y mula para el varón. Eso tiene la gente que nace con posibles.[39]

(Sale ADELA.)

---

[36] Puede ser hipérbole, aunque no necesariamente. Toda la frase encierra además un sentido simbólico: *viento* posee connotaciones eróticas. [37] El *arca* es símbolo de riqueza. Véase acto I, p. 64 y II, p. 73. [38] *sala oscura :* sin la luz de la vida. [39] *posibles :* bienes, rentas, medios.

(9) No es casual que Adela ofrezca a su madre precisamente este abanico, cuyos colores simbólicos no ofrecen dudas en su significado de vitalismo. Se presenta así sintéticamente al personaje.

Voz. Bernarda, ¡déjame salir!
BERNARDA. *(En voz alta.)* ¡Dejadla ya!

(Sale la CRIADA 1.ª*)*

CRIADA. Me ha costado mucho sujetarla. A pesar de sus ochenta
años, tu madre es fuerte como un roble.
BERNARDA. Tiene a quién parecérsele. Mi abuela fue igual.
CRIADA. Tuve durante el duelo que taparle varias veces la boca
con un costal[40] vacío porque quería llamarte para que le dieras
agua de fregar siquiera para beber y carne de perro, que es lo
que ella dice que le das.
MARTIRIO. ¡Tiene mala intención!
BERNARDA. *(A la* CRIADA.*)* Déjala que se desahogue en el patio.
CRIADA. Ha sacado del cofre sus anillos y los pendientes de
amatistas, se los ha puesto y me ha dicho que se quiere casar.

(Las HIJAS *ríen.)*

BERNARDA. Ve con ella y ten cuidado que no se acerque al pozo.
CRIADA. No tengas miedo que se tire.
BERNARDA. No es por eso. Pero desde aquel sitio las vecinas
pueden verla desde su ventana.[(10)]

(Sale la CRIADA.*)*

MARTIRIO. Nos vamos a cambiar la ropa.
BERNARDA. Sí; pero no el pañuelo de la cabeza.[41] *(Entra* ADELA.*)*
¿Y Angustias?

---

[40] *costal:* saco grande de tela ordinaria.   [41] Que es negro.

(10) Lo único que le preocupa de verdad son las apariencias. Repárese
en que aún no hemos visto a María Josefa: sólo la hemos oído. Esta
utilización de espacios escénicos invisibles es capital en la obra. Téngase
muy en cuenta. El pozo medianero es un dato real; véase la *Introducción*, p.
38

ADELA. *(Con retintín.)* La he visto asomada a la rendija del portón. Los hombres se acababan de ir.

BERNARDA. ¿Y tú a qué fuiste también al portón?

ADELA. Me llegué a ver si habían puesto las gallinas.

BERNARDA. ¡Pero el duelo de los hombres habría salido ya!

ADELA. *(Con intención.)* Todavía estaba un grupo parado por fuera.

BERNARDA. *(Furiosa.)* ¡Angustias! ¡Angustias!

ANGUSTIAS. *(Entrando.)* ¿Qué manda usted?

BERNARDA. ¿Qué mirabas y a quién?

ANGUSTIAS. A nadie.

BERNARDA. ¿Es decente que una mujer de tu clase vaya con el anzuelo[42] detrás de un hombre el día de la misa de su padre? ¡Contesta! ¿A quién mirabas?

(Pausa.)

ANGUSTIAS. Yo...

BERNARDA. ¡Tú!

ANGUSTIAS. ¡A nadie!

BERNARDA. *(Avanzando con el bastón.)* ¡Suave! ¡Dulzarrona![43] *(Le da)*.

PONCIA. *(Corriendo.)* ¡Bernarda, cálmate! *(La sujeta.)*

*(*ANGUSTIAS *llora.)*

BERNARDA. ¡Fuera de aquí todas! *(Salen.)*

PONCIA. Ella lo ha hecho sin dar alcance a lo que hacía, que está francamente mal. ¡Ya me chocó a mí verla escabullirse hacia el patio! Luego estuvo detrás de una ventana oyendo la conversación que traían los hombres, que, como siempre, no se puede oír.

BERNARDA. ¡A eso vienen a los duelos! *(Con curiosidad.)* ¿De qué hablaban?

---

[42] *vaya con el anzuelo*: intente llamar la atención.   [43] *Dulzarrona*: el valor despectivo es claro; se relaciona el apelativo con el «untosas» de la p. 63 y el «¡suavona! ¡yeyo!» de la p. 71

PONCIA. Hablaban de Paca la Roseta.[44] Anoche ataron a su marido a un pesebre y a ella se la llevaron a la grupa del caballo hasta lo alto del olivar.

BERNARDA. ¿Y ella?

PONCIA. Ella, tan conforme. Dicen que iba con los pechos fuera y Maximiliano la llevaba cogida como si tocara la guitarra. ¡Un horror!

BERNARDA. ¿Y qué pasó?

PONCIA. Lo que tenía que pasar. Volvieron casi de día. Paca la Roseta traía el pelo suelto y una corona de flores en la cabeza.

BERNARDA. Es la única mujer mala que tenemos en el pueblo.

PONCIA. Porque no es de aquí. Es de muy lejos. Y los que fueron con ella son también hijos de forastero. Los hombres de aquí no son capaces de eso.[11]

BERNARDA. No; pero les gusta verlo y comentarlo y se chupan los dedos de que esto ocurra.

PONCIA. Contaban muchas cosas más.

BERNARDA. *(Mirando a un lado y otro con cierto temor.)* ¿Cuáles?

PONCIA. Me da vergüenza referirlas.

BERNARDA. Y mi hija las oyó.

PONCIA. ¡Claro!

BERNARDA. Ésa sale a sus tías; blancas y untosas[45] que ponían ojos de carnero al piropo de cualquier barberillo.[46] ¡Cuánto hay que sufrir y luchar para hacer que las personas sean decentes y no tiren al monte demasiado![47]

PONCIA. ¡Es que tus hijas están ya en edad de merecer! Demasiada poca guerra te dan. Angustias ya debe tener mucho más de los treinta.

BERNARDA. Treinta y nueve justos.

---

[44] *Paca la Roseta*: este personaje parece haber existido, aunque no el hecho. Lorca explota el simbolismo del apellido (rosa=amor, erotismo, etc.). [45] *untosas*: pegajosas (a los hombres). [46] *barberillo*: en sentido figurado, persona insignificante. [47] *no tiren al monte*: no se desmanden. (Compárese: «La cabra siempre tira al monte».)

(11) Precisión interesante: Paca la Roseta no es del pueblo ni los acompañantes. Bernarda y Poncia enlazan su moral con las de sus convecinos: el pueblo es «incapaz» de inmoralidades.

PONCIA. Figúrate. Y no ha tenido nunca novio...

BERNARDA. *(Furiosa.)* ¡No, no ha tenido novio ninguna ni les hace falta! Pueden pasarse muy bien.

PONCIA. No he querido ofenderte.

BERNARDA. No hay en cien leguas a la redonda quien se pueda acercar a ellas. Los hombres de aquí no son de su clase. ¿Es que quieres que las entregue a cualquier gañán?

PONCIA. Debías haberte ido a otro pueblo.

BERNARDA. Eso ¡a venderlas!

PONCIA. No, Bernarda; a cambiar... ¡Claro que en otros sitios ellas resultan las pobres!

BERNARDA. ¡Calla esa lengua atormentadora!

PONCIA. Contigo no se puede hablar. Tenemos o no tenemos confianza.

BERNARDA. No tenemos. Me sirves y te pago. ¡Nada más!

CRIADA 1.ª *(Entrando.)* Ahí está don Arturo, que viene a arreglar las particiones.[48]

BERNARDA. Vamos. *(A la* CRIADA.*)* Tú empieza a blanquear el patio. *(A LA* PONCIA.*)* Y tú ve guardando en el arca grande toda la ropa del muerto.

PONCIA. Algunas cosas las podríamos dar...

BERNARDA. Nada. ¡Ni un botón! ¡Ni el pañuelo con que le hemos tapado la cara! *(Sale lentamente apoyada en el bastón y al salir, vuelve la cabeza y mira a sus* CRIADAS. *Las* CRIADAS *salen después.)*

(Entran AMELIA *y* MARTIRIO.*)*

AMELIA. ¿Has tomado la medicina?

MARTIRIO. ¡Para lo que me va a servir!

AMELIA. Pero la has tomado.

MARTIRIO. Ya hago las cosas sin fe pero como un reloj.

AMELIA. Desde que vino el médico nuevo estás más animada.

MARTIRIO. Yo me siento lo mismo.[(12)]

---

[48] *particiones:* partes en que se divide la herencia.

(12) De acuerdo con el simbolismo del nombre, Martirio está «martirizada» por su enfermedad.

AMELIA. ¿Te fijaste? Adelaida no estuvo en el duelo.

MARTIRIO. Ya lo sabía. Su novio no la deja salir ni al tranco de la calle.[49] Antes era alegre. Ahora ni polvos se echa en la cara.

AMELIA. Ya no sabe una si es mejor tener novio o no.

MARTIRIO. Es lo mismo.

AMELIA. De todo tiene la culpa esta crítica que no nos deja vivir. Adelaida habrá pasado mal rato.

MARTIRIO. Le tienen miedo a nuestra madre. Es la única que conoce la historia de su padre y el origen de sus tierras. Siempre que viene le tira puñaladas con el asunto. Su padre mató en Cuba al marido de su primera mujer para casarse con ella, luego aquí la abandonó y se fue con otra que tenía una hija y luego tuvo relaciones con esta muchacha, la madre de Adelaida, y casó con ella después de haber muerto loca la segunda mujer.[50]

AMELIA. ¿Y ese infame por qué no está en la cárcel?

MARTIRIO. Porque los hombres se tapan unos a otros las cosas de esta índole y nadie es capaz de delatar.

AMELIA. Pero Adelaida no tiene culpa de esto.

MARTIRIO. No. Pero las cosas se repiten. Yo veo que todo es una terrible repetición. Y ella tiene el mismo sino de su madre y de su abuela, mujeres las dos del que la engendró.

AMELIA. ¡Qué cosa más grande!

MARTIRIO. Es preferible no ver a un hombre nunca. Desde niña les tuve miedo. Los veía en el corral uncir los bueyes y levantar los costales de trigo entre voces y zapatazos y siempre tuve miedo de crecer por temor de encontrarme de pronto abrazada por ellos. Dios me ha hecho débil y fea y los ha apartado definitivamente de mí.

AMELIA. ¡Eso no digas! Enrique Humanes[51] estuvo detrás de ti y le gustabas.

MARTIRIO. ¡Invenciones de la gente! Una noche estuve en camisa detrás de la ventana hasta que fue de día porque me avisó con la

---

[49] *tranco:* parte del suelo que constituye la zona inferior del hueco de una puerta.   [50] Esta historia parece haber ocurrido en la realidad.   [51] Este personaje parece haber existido.

hija de su gañán que iba a venir y no vino. Fue todo cosa de lenguas. Luego se casó con otra que tenía más que yo.

AMELIA. Y fea como un demonio.

MARTIRIO. ¡Qué les importa a ellos la fealdad! A ellos les importa la tierra, las yuntas y una perra sumisa que les dé de comer.

AMELIA. ¡Ay! *(Entra* MAGDALENA.*)*

MAGDALENA. ¿Qué hacéis?

MARTIRIO. Aquí.

AMELIA. ¿Y tú?

MAGDALENA. Vengo de correr las cámaras.[52] Por andar un poco. De ver los cuadros bordados en cañamazo de nuestra abuela, el perrito de lanas y el negro luchando con el león que tanto nos gustaba de niñas. Aquélla era una época más alegre. Una boda duraba diez días y no se usaban las malas lenguas. Hoy hay más finura, las novias se ponen velo blanco como en las poblaciones y se bebe vino de botella, pero nos pudrimos por el qué dirán.

MARTIRIO. ¡Sabe Dios lo que entonces pasaría!

AMELIA. *(A* MAGDALENA.*)* Llevas desabrochados los cordones de un zapato.

MAGDALENA. ¡Qué más da!

AMELIA. Te los vas a pisar y te vas a caer.

MAGDALENA. ¡Una menos!

MARTIRIO. ¿Y Adela?

MAGDALENA. ¡Ah! Se ha puesto el traje verde que se hizo para estrenar el día de su cumpleaños, se ha ido al corral, y ha comenzado a voces: «¡Gallinas, gallinas, miradme!» ¡Me he tenido que reír![53]

AMELIA. ¡Si la hubiera visto madre![54]

MAGDALENA. ¡Pobrecilla! Es la más joven de nosotras y tiene ilusión. ¡Daría algo por verla feliz![13]

---

[52] *cámaras:* cuartos trasteros, desvanes.   [53] Parece ser que una prima de García Lorca hizo algo parecido en circunstancias similares.   [54] *madre:* la supresión del posesivo se ha considerado un rasgo típico del habla rural.

(13) Es el primer gesto de rebeldía de Adela. Este *verde* es el único color que se aparta de la gama de blancos y negros. Su valor simbólico de

(Pausa. ANGUSTIAS cruza la escena con unas toallas en la mano.)

ANGUSTIAS. ¿Qué hora es?

MARTIRIO. Ya deben ser las doce.

ANGUSTIAS. ¿Tanto?

AMELIA. Estarán al caer.

(Sale ANGUSTIAS.)

MAGDALENA. *(Con intención.)* ¿Sabéis ya la cosa...? *(Señalando a ANGUSTIAS.)*

AMELIA. No.

MAGDALENA. ¡Vamos!

MARTIRIO. ¡No sé a qué cosa te refieres...!

MAGDALENA. ¡Mejor que yo lo sabéis las dos, siempre cabeza con cabeza como dos ovejitas, pero sin desahogaros con nadie! ¡Lo de Pepe el Romano!

MARTIRIO. ¡Ah!

MAGDALENA. *(Remedándola.)* ¡Ah! Ya se comenta por el pueblo. Pepe el Romano viene a casarse con Angustias. Anoche estuvo rondando la casa y creo que pronto va a mandar un emisario.[14]

MARTIRIO. ¡Yo me alegro! Es buen hombre.

AMELIA. Yo también. Angustias tiene buenas condiciones.

MAGDALENA. Ninguna de las dos os alegráis.

MARTIRIO. ¡Magdalena! ¡Mujer!

MAGDALENA. Si viniera por el tipo de Angustias, por Angustias como mujer, yo me alegraría; pero viene por el dinero. Aunque Angustias es nuestra hermana, aquí estamos en familia y reconocemos que está vieja, enfermiza y que siempre ha sido la que ha tenido menos mérito de todas nosotras. Porque si con veinte

exaltación vital es evidente. Se apunta ya al núcleo mismo del conflicto dramático.

(14) Para este personaje, Lorca parece haberse inspirado en un individuo llamado Pepe, el de la Romilla (localidad a 12 kilómetros de Valderrubio) o Pepico, el de Roma (del Soto de Roma, comarca en el corazón de la Vega). Los habitantes de la Romilla se conocen como romerillos o romanos. Obsérvese que la elección del apodo, aunque condicionada, da al invisible personaje una aureola mítica (Roma=imperio, fuerte, etc.).

años parecía un palo vestido, ¡qué será ahora que tiene cuarenta!

MARTIRIO. No hables así. La suerte viene a quien menos la aguarda.

AMELIA. ¡Después de todo dice la verdad! ¡Angustias tiene el dinero de su padre, es la única rica de la casa y por eso ahora que nuestro padre ha muerto y ya se harán particiones vienen por ella![15]

MAGDALENA. Pepe el Romano tiene veinticinco años y es el mejor tipo de todos estos contornos; lo natural sería que te pretendiera a ti, Amelia, o a nuestra Adela, que tiene veinte años, pero no que venga a buscar lo más oscuro de esta casa, a una mujer que, como su padre, habla con la nariz.

MARTIRIO. ¡Puede que a él le guste!

MAGDALENA. ¡Nunca he podido resistir tu hipocresía!

MARTIRIO. ¡Dios nos valga!

(Entra ADELA.*)*

MAGDALENA. ¿Te han visto ya las gallinas?

ADELA. ¿Y qué querías que hiciera?

AMELIA. ¡Si te ve nuestra madre te arrastra del pelo!

ADELA. Tenía mucha ilusión con el vestido. Pensaba ponérmelo el día que vamos a comer[54bis] sandías a la noria. No hubiera habido otro igual.

MARTIRIO. ¡Es un vestido precioso!

ADELA. Y me está muy bien. Es lo que mejor ha cortado Magdalena.

MAGDALENA. ¿Y las gallinas qué te han dicho?

ADELA. Regalarme unas cuantas pulgas que me han acribillado las piernas. *(Ríen.)*

MARTIRIO. Lo que puedes hacer es teñirlo de negro.

[54bis] *vamos a comer:* solemos ir a comer.

---

(15) Cuestión capital: el arreglo de las particiones introduce de modo explícito la desigualdad económica de las hijas, que es clave importante del conflicto dramático.

MAGDALENA. ¡Lo mejor que puede hacer es regalárselo a Angustias para su boda con Pepe el Romano!

ADELA. *(Con emoción contenida.)* ¡Pero Pepe el Romano...!

AMELIA. ¿No lo has oído decir?

ADELA. No.

MAGDALENA. ¡Pues ya lo sabes!

ADELA. ¡Pero si no puede ser!

MAGDALENA. ¡El dinero lo puede todo!

ADELA. ¿Por eso ha salido detrás del duelo y estuvo mirando por el portón? *(Pausa.)* Y ese hombre es capaz de...[55]

MAGDALENA. Es capaz de todo.

(Pausa.)

MARTIRIO. ¿Qué piensas, Adela?

ADELA. Pienso que este luto me ha cogido en la peor época de mi vida para pasarlo.

MAGDALENA. Ya te acostumbrarás.

ADELA. *(Rompiendo a llorar con ira.)* No, no me acostumbraré. Yo no quiero estar encerrada. ¡No quiero que se me pongan las carnes como a vosotras! ¡No quiero perder mi blancura en estas habitaciones! ¡Mañana me pondré mi vestido verde y me echaré a pasear por la calle! ¡Yo quiero salir!

(Entra la CRIADA 1.ª*.)*

MAGDALENA. *(Autoritaria.)* ¡Adela!

CRIADA 1.ª ¡La pobre! ¡Cuánto ha sentido a su padre! *(Sale.)*

MARTIRIO. ¡Calla!

AMELIA. Lo que sea de una será de todas.

*(*ADELA *se calma.)*

MAGDALENA. Ha estado a punto de oírte la criada.

---

[55] Adela y Pepe el Romano se habían sentido ya atraídos el año anterior, según contará Poncia más adelante (p. 102).

CRIADA. *(Apareciendo.)* Pepe el Romano viene por lo alto de la calle.

(AMELIA, MARTIRIO y MAGDALENA *corren presurosas.*)

MAGDALENA. ¡Vamos a verlo! *(Salen rápidas.)*
CRIADA. *(A* ADELA.) ¿Tú no vas?
ADELA. No me importa.
CRIADA. Como dará la vuelta a la esquina, desde la ventana de tu cuarto se verá mejor. *(Sale la* CRIADA.)

(Adela queda en escena dudando; después de un instante se va también rápida hacia su habitación. Sale BERNARDA *y* LA PONCIA.)

BERNARDA. ¡Malditas particiones!
PONCIA. ¡¡Cuánto dinero le queda a Angustias!!
BERNARDA. Sí.
PONCIA. Y a las otras bastante menos.
BERNARDA. Ya me lo has dicho tres veces y no te he querido replicar. Bastante menos, mucho menos. No me lo recuerdes más.

(Sale ANGUSTIAS *muy compuesta de cara.)*

BERNARDA. ¡Angustias!
ANGUSTIAS. Madre.
BERNARDA. ¿Pero has tenido valor de echarte polvos en la cara? ¿Has tenido valor de lavarte la cara el día de la misa de tu padre?
ANGUSTIAS. No era mi padre. El mío murió hace tiempo ¿Es que ya no lo recuerda usted?
BERNARDA. ¡Más debes a este hombre, padre de tus hermanas, que al tuyo! Gracias a este hombre tienes colmada tu fortuna.
ANGUSTIAS. ¡Eso lo teníamos que ver!
BERNARDA. ¡Aunque fuera por decencia! Por respeto.

ANGUSTIAS. Madre, déjeme usted salir.

BERNARDA. ¿Salir? Después de que te hayas quitado esos polvos de la cara: ¡suavona! ¡yeyo![56] ¡espejo de tus tías! *(Le quita violentamente con su pañuelo los polvos.)* ¡Ahora vete!

PONCIA. ¡Bernarda, no seas tan inquisitiva!

BERNARDA. Aunque mi madre esté loca, yo estoy con mis cinco sentidos y sé perfectamente lo que hago.

(Entran todas.)

MAGDALENA. ¿Qué pasa?

BERNARDA. No pasa nada.

MAGDALENA. *(A* ANGUSTIAS.*)* Si es que discutís por las particiones, tú que eres la más rica te puedes quedar con todo.

ANGUSTIAS. ¡Guárdate la lengua en la madriguera!

BERNARDA. *(Golpeando con el bastón en el suelo.)* ¡No os hagáis ilusiones de que vais a poder conmigo! ¡Hasta que salga de esta casa con los pies adelante mandaré en lo mío y en lo vuestro!

(Se oyen unas voces y entra en escena MARÍA JOSEFA, *la madre de* BERNARDA, *viejísima, ataviada con flores en la cabeza y en el pecho.)*[16]

---

[56] *¡yeyo!*: mujer muy pintada, especialmente de blanco; palabra del argot familiar de los Lorca.

(16) María Josefa va ataviada en clara simbolización erótica. Su locura le permite rebelarse contra la opresión. Que la anciana exprese su perturbación en términos sexuales parece indicar la naturaleza misma de la opresión que padecen todas las mujeres de la casa. Sólo Bernarda está al margen. Su naturaleza asexuada (o su comportamiento como tal) parece manifiesta. Por eso, alguna vez la ha encarnado un actor masculino. Sin embargo, responde a un tipo de mujer sociológicamente conocido, que asume los «roles» del hombre a partir de una evidencia: la fuente del poder es masculina. Téngase muy en cuenta este dato, aunque el personaje de Bernarda posea, además, otros componentes y deba ser juzgado en relación con el universo dramático al que pertenece y en el que se inserta coherentemente.

MARÍA JOSEFA. Bernarda, ¿dónde está mi mantilla? Nada de lo que tengo quiero que sea para vosotras: ni mis anillos ni mi traje negro de moaré.[57] Porque ninguna de vosotras se va a casar. ¡Ninguna! Bernarda: ¡dame mi gargantilla de perlas!

BERNARDA. *(A la* CRIADA.*)* ¿Por qué la habéis dejado entrar?

CRIADA. *(Temblando.)* ¡Se me escapó!

MARÍA JOSEFA. Me escapé porque me quiero casar, porque quiero casarme con un varón hermoso de la orilla del mar, ya que aquí los hombres huyen de las mujeres.

BERNARDA. ¡Calle usted, madre!

MARÍA JOSEFA. No, no callo. No quiero ver a estas mujeres solteras rabiando por la boda, haciéndose polvo el corazón, y yo me quiero ir a mi pueblo. ¡Bernarda, yo quiero un varón para casarme y para tener alegría!

BERNARDA. ¡Encerradla!

MARÍA JOSEFA. ¡Déjame salir, Bernarda!

(La CRIADA *coge a* MARÍA JOSEFA.*)*

BERNARDA. ¡Ayudarla vosotras! *(Todas arrastran a la vieja.)*

MARÍA JOSEFA. ¡Quiero irme de aquí, Bernarda! A casarme a la orilla del mar, a la orilla del mar.[58]

Telón rápido[(17)]

---

[57] *moaré:* tela tejida de manera que forma aguas.   [58] El *mar* es aquí símbolo de vida, de plenitud.

[(17)] Final terrible, también de extraordinaria plasticidad: culmina en él toda la violencia acumulada a lo largo del acto. Este tipo de cierre va a repetirse. Se trata de un rasgo constructivo muy preciso.

ACTO SEGUNDO

Habitación blanca del interior de la casa de Bernarda. Las puertas de la izquierda dan a los dormitorios. Las hijas de Bernarda están sentadas en sillas bajas cosiendo. MAGDALENA *borda. Con ellas está* LA PONCIA.[18]

ANGUSTIAS. Ya he cortado la tercer sábana.[1]

MARTIRIO. Le corresponde a Amelia.

MAGDALENA. Angustias: ¿pongo también las iniciales de Pepe?

ANGUSTIAS. *(Seca.)* No.

MAGDALENA. *(A voces.)* Adela, ¿no vienes?

AMELIA. Estará echada en la cama.

PONCIA. Ésa tiene algo. La encuentro sin sosiego, temblona, asustada, como si tuviera una lagartija entre los pechos.

MARTIRIO. No tiene ni más ni menos que lo que tenemos todas.

MAGDALENA. Todas menos Angustias.

ANGUSTIAS. Yo me encuentro bien, y al que le duela, que reviente.

MAGDALENA. Desde luego hay que reconocer que lo mejor que has tenido siempre ha sido el talle y la delicadeza.[2]

ANGUSTIAS. Afortunadamente pronto voy a salir de este infierno.

MAGDALENA. ¡A lo mejor no sales!

MARTIRIO. ¡Dejar esa conversación!

ANGUSTIAS. Y además ¡más vale onza en el arca que ojos negros en la cara![3]

---

[1] *tercer sábana :* la apócope sirve de rasgo caracterizador del habla rural.   [2] Obsérvese la nota sarcástica.   [3] Sabio ejemplo de asimilación de la lengua popular: no es un refrán, pero lo parece. Véase arriba, nota 37, acto I.

(18) Cambio de escenario. Pero seguimos en el interior de la casa. El espacio escénico se comunica ahora con los dormitorios, cuya función dramática será muy importante. Son ahora sobre las tres de la tarde (p. 81); el sol cae a plomo, el calor es insoportable, también lo es la crispación erótica de las mujeres encerradas.

MAGDALENA. Por un oído me entra y por otro me sale.

AMELIA. *(A LA PONCIA.)* Abre la puerta del patio a ver si nos entra un poco el fresco.[4]

(La PONCIA lo hace.)

MARTIRIO. Esta noche pasada no me podía quedar dormida del calor.

AMELIA. ¡Yo tampoco!

MAGDALENA. Yo me levanté a refrescarme. Había un nublo[5] negro de tormenta y hasta cayeron algunas gotas.[(19)]

PONCIA. Era la una de la madrugada y salía fuego de la tierra. También me levanté yo. Todavía estaba Angustias con Pepe en la ventana.

MAGDALENA. *(Con ironía.)* ¿Tan tarde? ¿A qué hora se fue?

ANGUSTIAS. Magdalena, ¿a qué preguntas si lo viste?

AMELIA. Se iría a eso de la una y media.

ANGUSTIAS. Sí. ¿Tú por qué lo sabes?

AMELIA. Lo sentí toser y oí los pasos de su jaca.

PONCIA. ¡Pero si yo lo sentí marchar a eso de las cuatro!

ANGUSTIAS. ¡No sería él!

PONCIA. ¡Estoy segura!

AMELIA. ¡A mí también me pareció!

MAGDALENA. ¡Qué cosa más rara!

(Pausa.)

PONCIA. Oye, Angustias. ¿Qué fue lo que te dijo la primera vez que se acercó a tu ventana?

ANGUSTIAS. Nada, ¡qué me iba a decir! Cosas de conversación.

---

[4] La frase tiene también segunda intención.   [5] *nublo*: nublado. Utilizado con el mismo propósito descrito en nota 1, acto II.

(19) La presencia de la tormenta es una nueva manifestación del uso del clima con fines simbólicos. Este *nublo* negro *de tormenta* cumple función premonitoria, es augurio siniestro.

MARTIRIO. Verdaderamente es raro que dos personas que no se conocen se vean de pronto en una reja y ya novios.

ANGUSTIAS. Pues a mí no me chocó.

AMELIA. A mí me daría no sé qué.

ANGUSTIAS. No, porque cuando un hombre se acerca a una reja ya sabe por los que van y vienen, llevan y traen, que se le va a decir que sí.

MARTIRIO. Bueno; pero él te lo tendría que decir.

ANGUSTIAS. ¡Claro!

AMELIA. *(Curiosa.)* ¿Y cómo te lo dijo?

ANGUSTIAS. Pues nada: «Ya sabes que ando detrás de ti, necesito una mujer buena, modosa, ¡y ésa eres tú si me das la conformidad!»

AMELIA. ¡A mí me da vergüenza de estas cosas!

ANGUSTIAS. ¡Y a mí, pero hay que pasarlas!

PONCIA. ¿Y habló más?

ANGUSTIAS. Sí; siempre habló él.

MARTIRIO. ¿Y tú?

ANGUSTIAS. Yo no hubiera podido. Casi se me salía el corazón por la boca. Era la primera vez que estaba sola de noche con un hombre.

MAGDALENA. Y un hombre tan guapo.

ANGUSTIAS. ¡No tiene mal tipo!

PONCIA. Esas cosas pasan entre personas ya un poco instruidas que hablan y dicen y mueven la mano... La primera vez que mi marido Evaristo el Colorín [6] vino a mi ventana... ja, ja, ja.

AMELIA. ¿Qué pasó?

PONCIA. Era muy oscuro. Lo vi acercarse y al llegar me dijo: «Buenas noches.» «Buenas noches», le dije yo, y nos quedamos callados más de media hora. Me corría el sudor por todo el cuerpo. Entonces Evaristo se acercó, se acercó que se quería meter por los hierros, y dijo con voz muy baja: «¡Ven que te tiente!» *(Ríen todas.)*

(AMELIA *se levanta corriendo y espía por una puerta.*)

---

[6] El nombre de este personaje parece proceder de la realidad.

AMELIA. ¡Ay! ¡Creí que llegaba nuestra madre!

MAGDALENA. ¡Buenas nos hubiera puesto! *(Siguen riendo.)*

AMELIA. Chissss... ¡Que nos va a oír!

PONCIA. Luego se portó bien. En vez de darle por otra cosa le dio por criar colorines[7] hasta que se murió. A vosotras que sois solteras, os conviene saber de todos modos que el hombre a los quince días de boda deja la cama por la mesa y luego la mesa por la tabernilla, y la que no se conforma se pudre llorando en un rincón.

AMELIA. Tú te conformaste.

PONCIA. ¡Yo pude con él!

MARTIRIO. ¿Es verdad que le pegaste algunas veces?

PONCIA. Sí, y por poco lo dejo tuerto.

MAGDALENA. ¡Así debían ser todas las mujeres!

PONCIA. Yo tengo la escuela de tu madre. Un día me dijo no sé qué cosa y le maté todos los colorines con la mano del almirez.[8] *(Ríen.)*[20]

MAGDALENA. Adela, ¡niña! No te pierdas esto.

AMELIA. Adela.

(Pausa.)

MAGDALENA. ¡Voy a ver! *(Entra.)*

PONCIA. ¡Esa niña está mala!

MARTIRIO. Claro, ¡no duerme apenas!

PONCIA. ¿Pues qué hace?

MARTIRIO. ¡Yo qué sé lo que hace!

PONCIA. Mejor lo sabrás tú que yo, que duermes pared por medio.[9]

ANGUSTIAS. La envidia la come.

AMELIA. No exageres.

---

[7] *colorines:* jilgueros.   [8] *almirez:* mortero de metal.   [9] Obsérvese la mala intención.

(20) Nótese la brutalidad y también el alcance simbólico de la acción: lo natural y elemental es aplastado —constante tema de Lorca.

ANGUSTIAS. Se lo noto en los ojos. Se le está poniendo mirar de loca.

MARTIRIO. No habléis de locos. Aquí es el único sitio donde no se puede pronunciar esta palabra.

(Sale MAGDALENA *con* ADELA.*)*

MAGDALENA. Pues ¿no estaba dormida?

ADELA. Tengo mal cuerpo.

MARTIRIO. *(Con intención.)* ¿Es que no has dormido bien esta noche?

ADELA. Sí.

MARTIRIO. ¿Entonces?

ADELA. *(Fuerte.)* ¡Déjame ya! ¡Durmiendo o velando no tienes por qué meterte en lo mío! ¡Yo hago con mi cuerpo lo que me parece!

MARTIRIO. ¡Sólo es interés por ti!

ADELA. Interés o inquisición. ¿No estabais cosiendo? ¡Pues seguir! ¡Quisiera ser invisible, pasar por las habitaciones sin que me preguntarais dónde voy!(21)

CRIADA. *(Entra.)* Bernarda os llama. Está el hombre de los encajes. *(Salen.)*

(Al salir, MARTIRIO *mira fijamente a* ADELA.*)*

ADELA. ¡No me mires más! Si quieres te daré mis ojos, que son frescos, y mis espaldas para que te compongas la joroba que tienes, pero vuelve la cabeza cuando yo pase.

PONCIA. Adela ¡que es tu hermana y además la que más te quiere!10

ADELA. Me sigue a todos lados. A veces se asoma a mi cuarto para

---

10 Nótese la ironía, típica de la mujer maldiciente que es Poncia.

(21) Universo inquisitorial: todas se vigilan. No es la primera vez que aparece un término de la misma familia léxica que *inquisición:* Poncia llamó *inquisitiva* a Bernarda en el acto I (p. 71).

ver si duermo. No me deja respirar. Y siempre: «¡Qué lástima
de cara! ¡qué lástima de cuerpo que no va a ser para nadie!» ¡Y
eso no! ¡Mi cuerpo será de quien yo quiera!

PONCIA. *(Con intención y en voz baja.)* De Pepe el Romano, ¿no es
eso?

ADELA. *(Sobrecogida.)* ¿Qué dices?

PONCIA. ¡Lo que digo, Adela!

ADELA. ¡Calla!

PONCIA. *(Alto.)* ¿Crees que no me he fijado?

ADELA. ¡Baja la voz!

PONCIA. ¡Mata esos pensamientos!

ADELA. ¿Qué sabes tú?

PONCIA. Las viejas vemos a través de las paredes. ¿Dónde vas de
noche cuando te levantas?

ADELA. ¡Ciega debías estar!

PONCIA. Con la cabeza y las manos llenas de ojos cuando se trata
de lo que se trata.[11] Por mucho que pienso no sé lo que te
propones. ¿Por qué te pusiste casi desnuda, con la luz encendida
y la ventana abierta al pasar Pepe el segundo día que vino a
hablar con tu hermana?

ADELA. ¡Eso no es verdad!

PONCIA. ¡No seas como los niños chicos![12] Deja en paz a tu
hermana, y si Pepe el Romano te gusta, te aguantas. (ADELA
llora.) Además, ¿quién dice que no te puedes casar con él? Tu
hermana Angustias es una enferma. Ésa no resiste el primer
parto. Es estrecha de cintura, vieja, y con mi conocimiento te
digo que se morirá. Entonces Pepe hará lo que hacen todos los
viudos de esta tierra: se casará con la más joven, la más hermosa, y ésa eres tú. Alimenta esa esperanza, olvídalo, lo que
quieras, pero no vayas contra la ley de Dios.

ADELA. ¡Calla!

PONCIA. ¡No callo!

ADELA. Métete en tus cosas, ¡oledora! ¡pérfida!

PONCIA. ¡Sombra tuya he de ser!

---

[11] Metáfora hiperbólica para designar su propósito de ejercer una vigilancia absoluta. [12] *niños chicos:* andalucismo léxico.

ADELA. En vez de limpiar la casa y acostarte para rezar a tus muertos, buscas como una vieja marrana asuntos de hombres y mujeres para babosear en ellos.

PONCIA. ¡Velo!, para que las gentes no escupan al pasar por esta puerta.

ADELA. ¡Qué cariño tan grande te ha entrado de pronto por mi hermana!

PONCIA. No os tengo ley [13] a ninguna, pero quiero vivir en casa decente. ¡No quiero mancharme de vieja!

ADELA. Es inútil tu consejo. Ya es tarde. No por encima de ti que eres una criada: por encima de mi madre saltaría para apagarme este fuego que tengo levantado por piernas y boca. ¿Qué puedes decir de mí? ¿Que me encierro en mi cuarto y no abro la puerta? ¿Que no duermo? ¡Soy más lista que tú! Mira a ver si puedes agarrar la liebre [14] con tus manos.

PONCIA. No me desafíes. ¡Adela, no me desafíes! Porque yo puedo dar voces, encender luces y hacer que toquen las campanas. [15]

ADELA. Trae cuatro mil bengalas amarillas y ponlas en las bardas [16] del corral. Nadie podrá evitar que suceda lo que tiene que suceder.

PONCIA. ¡Tanto te gusta ese hombre!

ADELA. ¡Tanto! Mirando sus ojos me parece que bebo su sangre lentamente. [17]

PONCIA. Yo no te puedo oír.

ADELA. ¡Pues me oirás! Te he tenido miedo. ¡Pero ya soy más fuerte que tú!

(Entra ANGUSTIAS.*)*

ANGUSTIAS. ¡Siempre discutiendo!

PONCIA. Claro. Se empeña que con el calor que hace vaya a traerle no sé qué cosa de la tienda.

---

[13] *No os tengo ley:* no tener ley, no sentir cariño. [14] *la liebre:* sus relaciones carnales con el Romano; ver *Introducción,* p. 25. [15] Metafóricamente, Poncia advierte a Adela que puede descubrir el asunto; la inmediata réplica de la muchacha también se produce en clave metafórica —al menos en parte. [16] *bardas:* cubiertas de paja, broza, etc. [17] Metáfora hiperbólica del deseo.

ANGUSTIAS. ¿Me compraste el bote de esencia?

PONCIA. El más caro. Y los polvos. En la mesa de tu cuarto los he puesto.

(Sale ANGUSTIAS.*)*

ADELA. ¡Y chitón!

PONCIA. ¡Lo veremos!

(Entran MARTIRIO, AMELIA *y* MAGDALENA.*)*

MAGDALENA. *(A* ADELA.*)* ¿Has visto los encajes?

AMELIA. Los de Angustias para sus sábanas de novia son preciosos.

ADELA. *(A* MARTIRIO, *que trae unos encajes.)* ¿Y éstos?

MARTIRIO. Son para mí. Para una camisa.

ADELA. *(Con sarcasmo.)* ¡Se necesita buen humor!

MARTIRIO. *(Con intención.)* Para verlos yo. No necesito lucirme ante nadie.

PONCIA. Nadie la ve a una en camisa.

MARTIRIO. *(Con intención y mirando a* ADELA.*)* ¡A veces! Pero me encanta la ropa interior. Si fuera rica la tendría de holanda.[18] Es uno de los pocos gustos que me quedan.

PONCIA. Estos encajes son preciosos para las gorras de niño, para manteruelos[19] de cristianar. Yo nunca pude usarlos en los míos. A ver si ahora Angustias los usa en los suyos. Como le dé por tener crías, vais a estar cosiendo mañana y tarde.

MAGDALENA. Yo no pienso dar una puntada.

AMELIA. Y mucho menos cuidar niños ajenos. Mira tú cómo están las vecinas del callejón, sacrificadas por cuatro monigotes.

PONCIA. Ésas están mejor que vosotras. ¡Siquiera allí se ríe y se oyen porrazos![22]

---

[18] *holanda:* tela de hilo muy fina.   [19] *manteruelos:* mantones para recién nacidos.

~~~~~~

(22) Poncia exalta la fecundidad (los niños), ausente de la casa. Pero nótese también la carga social contenida en la mención de los encajes.

MARTIRIO. Pues vete a servir con ellas.

PONCIA. No. ¡Ya me ha tocado en suerte este convento!

(Se oyen unos campanillos lejanos como a través de varios muros.)[23]

MAGDALENA. Son los hombres que vuelven al trabajo.

PONCIA. Hace un minuto dieron las tres.

MARTIRIO. ¡Con este sol!

ADELA. *(Sentándose.)* ¡Ay, quien pudiera salir también a los campos!

MAGDALENA. *(Sentándose.)* ¡Cada clase tiene que hacer lo suyo!

MARTIRIO. *(Sentándose.)* ¡Así es!

AMELIA. *(Sentándose.)* ¡Ay!

PONCIA. No hay alegría como la de los campos en esta época. Ayer de mañana llegaron los segadores. Cuarenta o cincuenta buenos mozos.

MAGDALENA. ¿De dónde son este año?

PONCIA. De muy lejos. Vinieron de los montes. ¡Alegres! ¡Como árboles quemados! ¡Dando voces y arrojando piedras! Anoche llegó al pueblo una mujer vestida de lentejuelas y que bailaba con un acordeón, y quince de ellos la contrataron para llevársela al olivar. Yo los vi de lejos. El que la contrataba era un muchacho de ojos verdes, apretado como una gavilla de trigo.

AMELIA. ¿Es eso cierto?

ADELA. ¡Pero es posible!

PONCIA. Hace años vino otra de éstas y yo misma di dinero a mi hijo mayor para que fuera. Los hombres necesitan estas cosas.

ADELA. Se les perdona todo.

AMELIA. Nacer mujer es el mayor castigo.

MAGDALENA. Y ni nuestros ojos siquiera nos pertenecen.[24]

---

(23) La acotación subraya el tremendo aislamiento de las mujeres, en rigurosa coherencia con la metáfora del *convento:* las mujeres viven recluidas y son vírgenes.

(24) Nótese la insistencia en la marginación de la condición femenina, y en labios de Poncia la afirmación —que confirma lo dicho en **16**— de que los hombres son la fuente de la ley y de las costumbres.

(Se oye un canto lejano que se va acercando.)

PONCIA. Son ellos. Traen unos cantos preciosos.
AMELIA. Ahora salen a segar.
CORO.

>   Ya salen los segadores
>   en busca de las espigas.
>   Se llevan los corazones
>   de las muchachas que miran.

(Se oyen panderos y carrañacas.[20] *Pausa. Todas oyen en un silencio traspasado por el sol.)*

AMELIA. ¡Y no les importa el calor!
MARTIRIO. Siegan entre llamaradas.[21]
ADELA. Me gustaría poder segar para ir y venir. Así se olvida lo que nos muerde.
MARTIRIO. ¿Qué tienes tú que olvidar?
ADELA. Cada una sabe sus cosas.
MARTIRIO. *(Profunda.)* ¡Cada una!
PONCIA. ¡Callar! ¡Callar!
CORO. *(Muy lejano.)*

>   Abrir puertas y ventanas
>   las que vivís en el pueblo;
>   el segador pide rosas
>   para adornar su sombrero.[22]

PONCIA. ¡Qué canto!
MARTIRIO. *(Con nostalgia.)*

>   Abrir puertas y ventanas
>   las que vivís en el pueblo...

---

[20] *carrañacas:* tableta o chapa metálica rayada, que suena al rascarla con un palito.   [21] Las mujeres admiran la resistencia de los segadores al calor, que, a su vez, connota erotismo a través de la metáfora de las *llamaradas.*   [22] *Rosas* y *sombrero* sin símbolos eróticos.

ADELA. *(Con pasión.)*

    ... El segador pide rosas

    para adornar su sombrero.

(Se va alejando el cantar.)[25]

PONCIA. Ahora dan la vuelta a la esquina.

ADELA. Vamos a verlos por la ventana de mi cuarto.

PONCIA. Tened cuidado con no entreabrirla mucho, porque son capaces de dar un empujón para ver quién mira.

(Se van las tres. MARTIRIO *queda sentada en la silla baja con la cabeza entre las manos.)*

AMELIA. *(Acercándose.)* ¿Qué te pasa?

MARTIRIO. Me sienta mal el calor.

AMELIA. ¿No es más que eso?

MARTIRIO. Estoy deseando que llegue Noviembre, los días de lluvia, la escarcha, todo lo que no sea este verano interminable.

AMELIA. Ya pasará y volverá otra vez.[23]

MARTIRIO. ¡Claro! *(Pausa.)* ¿A qué hora te dormiste anoche?

AMELIA. No sé. Yo duermo como un tronco. ¿Por qué?

MARTIRIO. Por nada, pero me pareció oír gente en el corral.

AMELIA. ¿Sí?

MARTIRIO. Muy tarde.

AMELIA. ¿Y no tuviste miedo?

MARTIRIO. No. Ya lo he oído otras noches.

AMELIA. Debíamos tener cuidado. ¿No serían los gañanes?

MARTIRIO. Los gañanes llegan a las seis.

AMELIA. Quizá una mulilla sin desbravar.

---

[23] Sentido metafísico del tiempo, cíclico y sin esperanza para las recluidas.

(25) Recuérdese lo dicho en la *Introducción* (p. 26) acerca de la función de las canciones en el teatro lorquiano. *En un sentido amplio*, podría afirmarse que estamos ante un coro dramático, que ilustra ciertamente la acción: el cantar de los segadores habla de amor y potencia el deseo de las mujeres enclaustradas.

MARTIRIO. *(Entre dientes y llena de segunda intención.)* Eso ¡eso!, una
mulilla sin desbravar.
AMELIA. ¡Hay que prevenir!
MARTIRIO. ¡No, no! No digas nada, puede ser un volunto[24] mío.
AMELIA. Quizá. *(Pausa.* AMELIA *inicia el mutis.)*
MARTIRIO. ¡Amelia!
AMELIA. *(En la puerta.)* ¿Qué?

(Pausa.)

MARTIRIO. Nada.

(Pausa.)

AMELIA. ¿Por qué me llamaste?

(Pausa.)

MARTIRIO. Se me escapó. Fue sin darme cuenta.

(Pausa.)

AMELIA. Acuéstate un poco.
ANGUSTIAS. *(Entrando furiosa en escena, de modo que haya un gran
contraste con los silencios anteriores.)* ¿Dónde está el retrato de Pepe
que tenía yo debajo de mi almohada? ¿Quién de vosotras lo
tiene?
MARTIRIO. Ninguna.
AMELIA. Ni que Pepe fuera un San Bartolomé de plata.[25]

(Entran PONCIA, MAGDALENA *y* ADELA.)*

ANGUSTIAS. ¿Dónde está el retrato?

---

[24] *volunto:* presunción sin base; andalucismo.   [25] Se ha representado tradicionalmente a este santo desnudo y con formas blandas. De ahí la referencia cargada de
erotismo.

ADELA. ¿Qué retrato?

ANGUSTIAS. Una de vosotras me lo ha escondido.

MAGDALENA. ¿Tienes la desvergüenza de decir esto?

ANGUSTIAS. Estaba en mi cuarto y no está.

MARTIRIO. ¿Y no se habrá escapado a medianoche al corral? A Pepe le gusta andar con la luna.[26]

ANGUSTIAS. ¡No me gastes bromas! Cuando venga se lo contaré.

PONCIA. ¡Eso no! ¡porque aparecerá! *(Mirando a* ADELA.*)*

ANGUSTIAS. ¡Me gustaría saber cuál de vosotras lo tiene!

ADELA. *(Mirando a* MARTIRIO.*)* ¡Alguna! ¡Todas menos yo!

MARTIRIO. *(Con intención.)* ¡Desde luego!

BERNARDA. *(Entrando con su bastón.)* ¡Qué escándalo es éste en mi casa y con el silencio del peso del calor! Estarán las vecinas con el oído pegado a los tabiques.

ANGUSTIAS. Me han quitado el retrato de mi novio.

BERNARDA. *(Fiera.)* ¿Quién?, ¿quién?

ANGUSTIAS. ¡Éstas!

BERNARDA. ¿Cuál de vosotras? *(Silencio.)* ¡Contestarme! *(Silencio. A* PONCIA.*)* Registra los cuartos, mira por las camas. Esto tiene no ataros más cortas. ¡Pero me vais a soñar![26bis] *(A* ANGUSTIAS.*)* ¿Estás segura?

ANGUSTIAS. Sí.

BERNARDA. ¿Lo has buscado bien?

ANGUSTIAS. Sí, madre.

(Todas están de pie en medio de un embarazoso silencio.)

BERNARDA. Me hacéis al final de mi vida beber el veneno más amargo que una madre puede resistir. *(A* PONCIA.*)* ¿No lo encuentras?

(Sale PONCIA.*)*

PONCIA. Aquí está.

BERNARDA. ¿Dónde lo has encontrado?

---

[26] *con la luna:* vaga alusión simbólica a Adela, muy lorquiana (luna=mujer), que va más allá de las «bromas» a que se refiere a continuación Angustias.

[26bis] *me vais a soñar: soñar a uno* es acordarse de su venganza o castigo.

PONCIA. Estaba...

BERNARDA. Dilo sin temor.

PONCIA. *(Extrañada.)* Entre las sábanas de la cama de Martirio.

BERNARDA. *(A MARTIRIO.)* ¿Es verdad?

MARTIRIO. ¡Es verdad!

BERNARDA. *(Avanzando y golpeándola con el bastón.)* ¡Mala puñalada te den, mosca muerta! ¡Sembradura de vidrios![27]

MARTIRIO. *(Fiera.)* ¡No me pegue usted, madre!

BERNARDA. ¡Todo lo que quiera!

MARTIRIO. ¡Si yo la dejo! ¿Lo oye? ¡Retírese usted!

PONCIA. ¡No faltes a tu madre!

ANGUSTIAS. *(Cogiendo a BERNARDA.)* ¡Déjala!, ¡por favor!

BERNARDA. Ni lágrimas te quedan en esos ojos.

MARTIRIO. No voy a llorar para darle gusto.

BERNARDA. ¿Por qué has cogido el retrato?

MARTIRIO. ¿Es que yo no puedo gastar una broma a mi hermana? ¡Para qué otra cosa lo iba a querer!

ADELA. *(Saltando llena de celos.)* No ha sido broma, que tú no has gustado jamás de juegos, ha sido otra cosa que te reventaba en el pecho por querer salir. Dilo ya claramente.

MARTIRIO. ¡Calla y no me hagas hablar, que si hablo se van a juntar las paredes unas con otras de vergüenza![28]

ADELA. ¡La mala lengua no tiene fin para inventar!

BERNARDA. ¡Adela!

MAGDALENA. Estáis locas.

AMELIA. Y nos apedreáis con malos pensamientos.[(26)]

MARTIRIO. ¡Otras hacen cosas más malas!

ADELA. Hasta que se pongan en cueros de una vez y se las lleve el río.[29]

BERNARDA. ¡Perversa!

---

[27] *¡Sembradura de vidrios!:* crea problemas que turban la convivencia familiar. [28] Alusión envenenada delante de la madre. [29] Ver nota 34, acto I.

(26) Amelia y Magdalena están relativamente al margen de la lucha que mantienen las otras hermanas.

ANGUSTIAS. Yo no tengo la culpa de que Pepe el Romano se haya fijado en mí.

ADELA. ¡Por tus dineros!

ANGUSTIAS. ¡Madre!

BERNARDA. ¡Silencio!

MARTIRIO. Por tus marjales[30] y tus arboledas.

MAGDALENA. ¡Eso es lo justo!

BERNARDA. ¡Silencio digo! Yo veía la tormenta venir, pero no creía que estallara tan pronto. ¡Ay qué pedrisco de odio habéis echado sobre mi corazón! Pero todavía no soy anciana y tengo cinco cadenas para vosotras y esta casa levantada por mi padre para que ni las hierbas[31] se enteren de mi desolación. ¡Fuera de aquí! *(Salen.* BERNARDA *se sienta desolada.* LA PONCIA *está de pie arrimada a los muros.* BERNARDA *reacciona, da un golpe en el suelo y dice):* ¡Tendré que sentarles la mano! Bernarda: ¡acuérdate que ésta es tu obligación!

PONCIA. ¿Puedo hablar?

BERNARDA. Habla. Siento que hayas oído. Nunca está bien una extraña en el centro de la familia.

PONCIA. Lo visto, visto está.

BERNARDA. Angustias tiene que casarse enseguida.

PONCIA. Claro; hay que retirarla de aquí.

BERNARDA. No a ella. ¡A él!

PONCIA. Claro, ¡a él hay que alejarlo de aquí! Piensas bien.

BERNARDA. No pienso. Hay cosas que no se pueden ni se deben pensar. Yo ordeno.

PONCIA. ¿Y tú crees que él querrá marcharse?

BERNARDA. *(Levantándose.)* ¿Qué imagina tu cabeza?

PONCIA. El, claro, ¡se casará con Angustias!

BERNARDA. Habla, te conozco demasiado para saber que ya me tienes preparada la cuchilla.[32]

PONCIA. Nunca pensé que se llamara asesinato al aviso.

---

[30] *marjales:* extensiones de tierra. [31] *ni las hierbas:* es decir, nadie. En vez de utilizar un giro vulgar (por ejemplo: «ni las piedras»), el autor se sirve de *sus* propios giros coloquiales (y poéticos), procedentes de su campo simbólico. Ver *Introducción*, p. 22. [32] *la cuchilla:* ofensa grave.

BERNARDA. ¿Me tienes que prevenir algo?

PONCIA. Yo no acuso, Bernarda: yo sólo te digo: abre los ojos y verás.

BERNARDA. ¿Y verás qué?

PONCIA. Siempre has sido lista. Has visto lo malo de las gentes a cien leguas; muchas veces creí que adivinabas los pensamientos. Pero los hijos son los hijos. Ahora estás ciega.

BERNARDA. ¿Te refieres a Martirio?

PONCIA. Bueno, a Martirio... *(Con curiosidad.)* ¿Por qué habrá escondido el retrato?

BERNARDA. *(Queriendo ocultar a su hija.)* Después de todo, ella dice que ha sido una broma. ¿Qué otra cosa puede ser?

PONCIA. *(Con sorna.)* ¿Tú lo crees así?

BERNARDA. *(Enérgica.)* No lo creo. ¡Es así!

PONCIA. Basta. Se trata de lo tuyo. Pero si fuera la vecina de enfrente, ¿qué sería?

BERNARDA. Ya empiezas a sacar la punta del cuchillo. [33]

PONCIA. *(Siempre con crueldad.)* No, Bernarda: aquí pasa una cosa muy grande. Yo no te quiero echar la culpa, pero tú no has dejado a tus hijas libres. Martirio es enamoradiza, digas tú lo que quieras. ¿Por qué no la dejaste casar con Enrique Humanes? [34] ¿Por qué el mismo día que iba a venir a la ventana le mandaste recado que no viniera?

BERNARDA. *(Fuerte)*. ¡Y lo haría mil veces! ¡Mi sangre no se junta con la de los Humanes mientras yo viva! Su padre fue gañán.

PONCIA. ¡Y así te va a ti con esos humos!

BERNARDA. Los tengo porque puedo tenerlos. Y tú no los tienes porque sabes muy bien cuál es tu origen.

PONCIA. *(Con odio.)* ¡No me lo recuerdes! Estoy ya vieja. Siempre agradecí tu protección.

BERNARDA. *(Crecida.)* ¡No lo parece!

PONCIA. *(Con odio envuelto en suavidad.)* A Martirio se le olvidará esto. [35]

---

[33] Metáfora relacionada con la anterior.   [34] Ver nota 51, acto I.   [35] Obsérvese la segunda intención, que la acotación inmediatamente anterior y la respuesta de Bernarda contribuyen a desvelar.

BERNARDA. Y si no lo olvida peor para ella. No creo que ésta sea *la cosa muy grande* que aquí pasa. Aquí no pasa nada. ¡Eso quisieras tú! Y si pasara algún día, estáte segura que no traspasaría las paredes.

PONCIA. ¡Eso no lo sé yo! En el pueblo hay gentes que leen también de lejos los pensamientos escondidos.

BERNARDA. ¡Cómo gozarías de vernos a mí y a mis hijas camino del lupanar![36]

PONCIA. ¡Nadie puede conocer su fin!

BERNARDA. ¡Yo sí sé mi fin! ¡Y el de mis hijas! El lupanar se queda para alguna mujer ya difunta...

PONCIA. *(Fiera.)* ¡Bernarda, respeta la memoria de mi madre!

BERNARDA. ¡No me persigas tú con tus malos pensamientos!

(Pausa.)

PONCIA. Mejor será que no me meta en nada.

BERNARDA. Eso es lo que debías hacer. Obrar y callar a todo es la obligación de los que viven a sueldo.

PONCIA. Pero no se puede. ¿A ti no te parece que Pepe estaría mejor casado con Martirio o... ¡sí!, o con Adela?

BERNARDA. No me parece.

PONCIA. *(Con intención.)* Adela. ¡Ésa es la verdadera novia del Romano!

BERNARDA. Las cosas no son nunca a gusto nuestro.

PONCIA. Pero les cuesta mucho trabajo desviarse de la verdadera inclinación. A mí me parece mal que Pepe esté con Angustias, y a las gentes, y hasta al aire. ¡Quién sabe si se saldrán con la suya![27]

BERNARDA. ¡Ya estamos otra vez!... Te deslizas para llenarme de malos sueños. Y no quiero entenderte, porque si llegara al alcance de todo lo que dices te tendría que arañar.

---

[36] *lupanar:* casa de prostitución.

[27] Por Poncia habla aquí la voz de la naturaleza, envuelta en su malicia habitual.

PONCIA. ¡No llegará la sangre al río!

BERNARDA. ¡Afortunadamente mis hijas me respetan y jamás torcieron mi voluntad!

PONCIA. ¡Eso sí! Pero en cuanto las dejes sueltas se te subirán al tejado.[37]

BERNARDA. ¡Ya las bajaré tirándoles cantos![38]

PONCIA. ¡Desde luego eres la más valiente!

BERNARDA. ¡Siempre gasté sabrosa pimienta![39]

PONCIA. ¡Pero lo que son las cosas! A su edad ¡hay que ver el entusiasmo de Angustias con su novio! ¡Y él también parece muy picado! Ayer me contó mi hijo mayor que a las cuatro y media de la madrugada, que pasó por la calle con la yunta, estaban hablando todavía.[40]

BERNARDA. ¡A las cuatro y media!

ANGUSTIAS. *(Saliendo.)* ¡Mentira!

PONCIA. Eso me contaron.

BERNARDA. *(A* ANGUSTIAS.*)* ¡Habla!

ANGUSTIAS. Pepe lleva más de una semana marchándose a la una. Que Dios me mate si miento.

MARTIRIO. *(Saliendo.)* Yo también lo sentí marcharse a las cuatro.

BERNARDA. ¿Pero lo viste con tus ojos?

MARTIRIO. No quise asomarme. ¿No habláis ahora por la ventana del callejón?

ANGUSTIAS. Yo hablo por la ventana de mi dormitorio.

(Aparece ADELA *en la puerta.)*

MARTIRIO. Entonces...

BERNARDA. ¿Qué es lo que pasa aquí?

PONCIA. ¡Cuida de enterarte! Pero, desde luego, Pepe estaba a las cuatro de la madrugada en una reja de tu casa.

BERNARDA. ¿Lo sabes seguro?

---

[37] *se te subirán al tejado:* se te desmandarán. [38] Las obligaré a someterse a mi autoridad. [39] Siempre tuve la energía y la mala intención necesarias. [40] De nuevo la terrible lengua de Poncia.

PONCIA. Seguro no se sabe nada en esta vida.

ADELA. Madre, no oiga usted a quien nos quiere perder a todas.

BERNARDA. ¡Ya sabré enterarme! Si las gentes del pueblo quieren levantar falsos testimonios, se encontrarán con mi pedernal.[41] No se habla de este asunto. Hay a veces una ola de fango que levantan los demás para perdernos.

MARTIRIO. A mí no me gusta mentir.

PONCIA. Y algo habrá.

BERNARDA. No habrá nada. Nací para tener los ojos abiertos. Ahora vigilaré sin cerrarlos ya hasta que me muera.[42]

ANGUSTIAS. Yo tengo derecho de enterarme.

BERNARDA. Tú no tienes derecho más que a obedecer. Nadie me traiga ni me lleve. *(A LA PONCIA.)* Y tú te metes en los asuntos de tu casa. ¡Aquí no se vuelve a dar un paso que yo no sienta!

CRIADA. *(Entrando.)* ¡En lo alto de la calle hay un gran gentío, y todos los vecinos están en sus puertas!

BERNARDA. *(A Poncia.)* ¡Corre a enterarte de lo que pasa! *(Las* MUJERES *corren para salir.)* ¿Dónde vais? Siempre os supe mujeres ventaneras[43] y rompedoras de su luto. ¡Vosotras, al patio!

(Salen y sale BERNARDA. Se oyen rumores lejanos. Entran MARTIRIO y ADELA, que se quedan escuchando y sin atreverse a dar un paso más de la puerta de salida.)

MARTIRIO. Agradece a la casualidad que no desaté mi lengua.

ADELA. También hubiera hablado yo.

MARTIRIO. ¿Y qué ibas a decir? ¡Querer no es hacer!

ADELA. Hace la que puede y la que se adelanta. Tú querías pero no has podido.

MARTIRIO. No seguirás mucho tiempo.

ADELA. ¡Lo tendré todo!

MARTIRIO. Yo romperé tus abrazos.

ADELA. *(Suplicante.)* ¡Martirio, déjame!

---

[41] *mi pedernal:* mi resistencia fortísima.   [42] Como Argo, el personaje mitológico, que lo veía todo y nunca dormía.   [43] *ventaneras:* mujeres ociosas aficionadas a asomarse a las ventanas.

MARTIRIO. ¡De ninguna!

ADELA. ¡Él me quiere para su casa!

MARTIRIO. ¡He visto cómo te abrazaba!

ADELA. Yo no quería. He ido como arrastrada por una maroma. [44](28)

MARTIRIO. ¡Primero muerta!

(Se asoman MAGDALENA *y* ANGUSTIAS. *Se siente crecer el tumulto.)*

PONCIA. *(Entrando con* BERNARDA.*)* ¡Bernarda!

BERNARDA. ¿Qué ocurre?

PONCIA. La hija de la Librada, la soltera, tuvo un hijo no se sabe con quién. [45]

ADELA. ¿Un hijo?

PONCIA. Y para ocultar su vergüenza lo mató y lo metió debajo de unas piedras, pero unos perros con más corazón que muchas criaturas, lo sacaron y como llevados por la mano de Dios lo han puesto en el **tranco** [46] de su puerta. Ahora la quieren matar. La traen arrastrando por la calle abajo, y por las **trochas** [47] y los terrenos del olivar vienen los hombres corriendo, dando unas voces que estremecen los campos.

BERNARDA. Sí, que vengan todos con varas de olivo y mangos de azadones, que vengan todos para matarla.

ADELA. ¡No, no, para matarla no!

MARTIRIO. Sí, y vamos a salir también nosotras.

BERNARDA. Y que pague la que pisotea su decencia.

(Fuera se oye un grito de mujer y un gran rumor.)

ADELA. ¡Que la dejen escapar! ¡No salgáis vosotras!

MARTIRIO. *(Mirando a* ADELA.*)* ¡Que pague lo que debe!

---

[44] *maroma:* cuerda muy gruesa de esparto o cáñamo.   [45] *La hija de la Librada:* personaje con cierta base real, al menos en el nombre.   [46] *tranco:* ver nota 49, acto I.   [47] *trochas:* senderos, veredas.

(28) Sentido trágico: la heroína es arrastrada por una fuerza superior.

BERNARDA. *(Bajo el arco.)* [48] ¡Acabar con ella antes que lleguen los guardias! ¡Carbón ardiendo en el sitio de su pecado!

ADELA. *(Cogiéndose el vientre.)* [49] ¡No! ¡No!

BERNARDA. ¡Matadla! ¡Matadla!

Telón [(29)]

---

[48] Es nítido el simbolismo (ver nota 32, acto I).   [49] Se sugiere que Adela está ya embarazada del Romano.

(29) Nuevo final terrible. El espacio escénico invisible desempeña un papel decisivo. Una mujer, cómo no, es la víctima. La de Adela es la única intervención piadosa: ha ligado su situación con la de la pobre perseguida, soltera y con un hijo, ilegal como el que ella también espera (ver n. 49). Bernarda, convertida en juez, y Martirio, fiel colaboradora, actúan de modo implacable. Nótese que por primera y única vez las mujeres pueden salir a la calle: tienen permiso para participar en el linchamiento.

ACTO TERCERO

Cuatro paredes blancas ligeramente azuladas del patio interior de la casa de Bernarda. Es de noche. El decorado ha de ser de una perfecta simplicidad. Las puertas iluminadas por la luz de los interiores dan un tenue fulgor a la escena.

En el centro, una mesa con un quinqué, donde están comiendo BERNARDA *y sus hijas.* LA PONCIA *las sirve.* PRUDENCIA *está sentada aparte.*

(Al levantarse el telón hay un gran silencio, interrumpido por el ruido de platos y cubiertos.)[30]

PRUDENCIA. Ya me voy. Os he hecho una visita larga. *(Se levanta.)*

BERNARDA. Espérate, mujer. No nos vemos nunca.

PRUDENCIA. ¿Han dado el último toque para el rosario?

PONCIA. Todavía no. (PRUDENCIA *se sienta.*)

BERNARDA. ¿Y tu marido cómo sigue?

PRUDENCIA. Igual.

BERNARDA. Tampoco lo vemos.

PRUDENCIA. Ya sabes sus costumbres. Desde que se peleó con sus hermanos por la herencia no ha salido por la puerta de la calle. Pone una escalera y salta las tapias del corral.

BERNARDA. Es un verdadero hombre. ¿Y con tu hija...?

PRUDENCIA. No la ha perdonado.

BERNARDA. Hace bien.

PRUDENCIA. No sé qué te diga. Yo sufro por esto.

---

(30) Nuevo cambio de espacio escénico. Lo más característico es el ligero azuleamiento del blanco. Se ha atribuido a la presencia de Prudencia. Pero, puesto que estamos en un patio interior —esto último no es nuevo—, es posible pensar que se haya pretendido sugerir la noche. El *gran silencio* tiene evidente correspondencia con el que abre el acto I. Su función es precisa: indica la persistencia del clima de vigilancia, de tensión. Al mismo tiempo, es muy teatral. Nótese que al mediodía (acto I) y la tarde (acto II) sucede ahora la noche. No es gratuito: va a ser la noche de la catástrofe.

BERNARDA. Una hija que desobedece deja de ser hija para convertirse en enemiga.

PRUDENCIA. Yo dejo que el agua corra.[1] No me queda más consuelo que refugiarme en la Iglesia, pero como me estoy quedando sin vista tendré que dejar de venir para que no jueguen con una los chiquillos. *(Se oye un gran golpe como dado en los muros.)* ¿Qué es eso?

BERNARDA. El caballo garañón,[2] que está encerrado y da coces contra el muro. *(A voces.)* ¡Trabadlo y que salga al corral![3] *(En voz baja.)* Debe tener calor.

PRUDENCIA. ¿Vais a echarle las potras nuevas?

BERNARDA. Al amanecer.[31]

PRUDENCIA. Has sabido acrecentar tu ganado.

BERNARDA. A fuerza de dinero y sinsabores.

PONCIA. *(Interviniendo.)* ¡Pero tiene la mejor manada de estos contornos! Es una lástima que esté bajo de precio.[4]

BERNARDA. ¿Quieres un poco de queso y miel?

PRUDENCIA. Estoy desganada.

(Se oye otra vez el golpe.)

PONCIA. ¡Por Dios!

PRUDENCIA. ¡Me ha retemblado dentro del pecho!

BERNARDA. *(Levantándose furiosa.)* ¿Hay que decir las cosas dos veces? ¡Echadlo que se revuelque en los montones de paja! *(Pausa, y como hablando con los gañanes.)* Pues encerrad las potras en la cuadra, pero dejadlo libre, no sea que nos eche abajo las paredes. *(Se dirige a la mesa y se sienta otra vez.)* ¡Ay qué vida!

---

[1] *que el agua corra:* que las cosas sigan su curso.   [2] *caballo garañón:* semental.   [3] Se dirige a los gañanes.   [4] Nueva pulla de Poncia.

---

(31) El caballo garañón desempeña un papel simbólico claro: es la correlación de Pepe el Romano en el mundo animal, y, por tanto, un símbolo sexual muy acusado. Hasta tal punto es así que la respuesta de Bernarda a Prudencia cuenta, en el manuscrito, con una variante tachada muy significativa: «Al amanecer *se le echarán cinco.*» Cinco, como las hijas de Bernarda. Con el caballo garañón se introduce otro espacio dramático de función decisiva.

PRUDENCIA. Bregando como un hombre.

BERNARDA. Así es.[32] (ADELA *se levanta de la mesa.*) ¿Dónde vas?

ADELA. A beber agua.[5]

BERNARDA. *(En alta voz.)* Trae un jarro de agua fresca. *(A ADELA.)* Puedes sentarte. *(ADELA se sienta.)*

PRUDENCIA. Y Angustias, ¿cuándo se casa?

BERNARDA. Vienen a pedirla dentro de tres días.

PRUDENCIA. ¡Estarás contenta!

ANGUSTIAS. ¡Claro!

AMELIA. *(A MAGDALENA.)* Ya has derramado la sal.

MAGDALENA. Peor suerte que tienes no vas a tener.

AMELIA. Siempre trae mala sombra.

BERNARDA. ¡Vamos!

PRUDENCIA. *(A ANGUSTIAS.)* ¿Te ha regalado ya el anillo?

ANGUSTIAS. Mírelo usted. *(Se lo alarga.)*

PRUDENCIA. Es precioso. Tres perlas. En mi tiempo las perlas significaban lágrimas.[6]

ANGUSTIAS. Pero ya las cosas han cambiado.

ADELA. Yo creo que no. Las cosas significan siempre lo mismo. Los anillos de pedida deben ser de diamantes.[7]

PRUDENCIA. Es más propio.

BERNARDA. Con perlas o sin ellas, las cosas son como una se las propone.

MARTIRIO. O como Dios dispone.

PRUDENCIA. Los muebles me han dicho que son preciosos.

BERNARDA. Dieciséis mil reales he gastado.[8]

PONCIA. *(Interviniendo.)* Lo mejor es el armario de luna.[9]

---

[5] El agua tiene además implicaciones eróticas. Compárese pp. 100 y 103. [6] Parece simbolizarse un final funesto para los novios. [7] Acaso por ello más resistentes. [8] Contar por reales era típico del mundo rural, al menos en estos años. La cuantificación tiene valor simbólico: expresa el poder de Bernarda. [9] *armario de luna:* el que tiene un espejo en la parte exterior de las puertas.

---

(32) El asentimiento de Bernarda al comentario de Prudencia es importantísimo. Queda ya definida, y se establece la naturaleza profunda de las relaciones que tiene con sus hijas. (Recuérdese lo dicho en **16**.)

PRUDENCIA. Nunca vi un mueble de éstos.

BERNARDA. Nosotras tuvimos arca.

PRUDENCIA. Lo preciso, es que todo sea para bien.

ADELA. Que nunca se sabe.

BERNARDA. No hay motivo para que no lo sea.

(Se oyen lejanísimas unas campanas.)

PRUDENCIA. El último toque. *(A* ANGUSTIAS.*)* Ya vendré a que me enseñes la ropa.

ANGUSTIAS. Cuando usted quiera.

PRUDENCIA. Buenas noches nos dé Dios.

BERNARDA. Adiós, Prudencia.

LAS CINCO A LA VEZ. Vaya usted con Dios.

(Pausa. Sale PRUDENCIA.*)*

BERNARDA. Ya hemos comido. *(Se levantan.)*

ADELA. Voy a llegarme hasta el portón para estirar las piernas y tomar un poco el fresco.

*(*MAGDALENA *se sienta en una silla baja retrepada[10] contra la pared.)*

AMELIA. Yo voy contigo.

MARTIRIO. Y yo.

ADELA. *(Con odio contenido.)* No me voy a perder.

AMELIA. La noche quiere compaña.[11] *(Salen.)*

*(*BERNARDA *se sienta y* ANGUSTIAS *está arreglando la mesa.)*

BERNARDA. Ya te he dicho que quiero que hables con tu hermana Martirio. Lo que pasó del retrato fue una broma y lo debes olvidar.

ANGUSTIAS. Usted sabe que ella no me quiere.

BERNARDA. Cada uno sabe lo que piensa por dentro. Yo no me meto en los corazones, pero quiero buena fachada y armonía familiar. ¿Lo entiendes?

---

[10] *retrepada:* inclinada hacia atrás.   [11] *compaña:* compañía; uso rural.

ANGUSTIAS. Sí.

BERNARDA. Pues ya está.

MAGDALENA. *(Casi dormida.)* Además ¡si te vas a ir antes de
nada! *(Se duerme.)*

ANGUSTIAS. ¡Tarde me parece!

BERNARDA. ¿A qué hora terminaste anoche de hablar?

ANGUSTIAS. A las doce y media.

BERNARDA. ¿Qué cuenta Pepe?

ANGUSTIAS. Yo lo encuentro distraído. Me habla siempre como
pensando en otra cosa. Si le pregunto qué le pasa, me contesta:
«Los hombres tenemos nuestras preocupaciones.»

BERNARDA. No le debes preguntar. Y cuando te cases, menos.
Habla si él habla y míralo cuando te mire. Así no tendrás
disgustos.

ANGUSTIAS. Yo creo, madre, que él me oculta muchas cosas.

BERNARDA. No procures descubrirlas, no le preguntes y, desde
luego, que no te vea llorar jamás.

ANGUSTIAS. Debía estar contenta y no lo estoy.

BERNARDA. Eso es lo mismo.

ANGUSTIAS. Muchas noches miro a Pepe con mucha fijeza y se me
borra a través de los hierros, como si lo tapara una nube de
polvo de las que levantan los rebaños.

BERNARDA. Eso son cosas de debilidad.

ANGUSTIAS. ¡Ojalá!

BERNARDA. ¿Viene esta noche?

ANGUSTIAS. No. Fue con su madre a la capital.

BERNARDA. Así nos acostaremos antes. ¡Magdalena!

ANGUSTIAS. Está dormida.

(Entran ADELA, MARTIRIO *y* AMELIA.*)*

AMELIA. ¡Qué noche más oscura!

ADELA. No se ve a dos pasos de distancia.

MARTIRIO. Una buena noche para ladrones, para el que necesite
escondrijo.[12]

---

[12] Toda la frase tiene una segunda intención.

ADELA. El caballo garañón estaba en el centro del corral. ¡Blanco! Doble de grande. Llenando todo lo oscuro.

AMELIA. Es verdad. Daba miedo. ¡Parecía una aparición![33]

ADELA. Tiene el cielo unas estrellas como puños.[13]

MARTIRIO. Ésta se puso a mirarlas de modo que se iba a tronchar el cuello.

ADELA. ¿Es que no te gustan a ti?

MARTIRIO. A mí las cosas de tejas arriba[14] no me importan nada. Con lo que pasa dentro de las habitaciones tengo bastante.

ADELA. Así te va a ti.

BERNARDA. A ella le va en lo suyo como a ti en lo tuyo.

ANGUSTIAS. Buenas noches.

ADELA. ¿Ya te acuestas?

ANGUSTIAS. Sí; esta noche no viene Pepe. *(Sale.)*

ADELA. Madre: ¿por qué cuando se corre una estrella o luce un relámpago se dice:

> Santa Bárbara bendita,
> que en el cielo estás escrita
> con papel y agua bendita?

BERNARDA. Los antiguos sabían muchas cosas que hemos olvidado.[34]

---

[13] *como puños*: grandes. Adela ama la libertad, la trascendencia humana. [14] *cosas de tejas arriba*: del cielo, sobrenaturales. Si se lee toda la intervención de Martirio, se verá que su posición es contraria a la de Adela.

(33) La oscuridad de la noche no es un simple telón de fondo, según sugeríamos antes (ver **30**). Los comentarios de Amelia, Martirio y Adela suponen tres perspectivas distintas: la exclamación de la primera tiene algo de vaticinio (que confirmará la anciana María Josefa: «Está todo muy oscuro» (p. 105); la afirmación de Martirio es propia de los celos que la atormentan, mientras que las palabras de Adela expresan su progresivo ensimismamiento en la pasión amorosa que la consume: tal es el sentido profundo que tiene la mitificación del caballo blanco —tan bellamente formulada— que inunda con su blancura la cerrada oscuridad. Las últimas palabras de Amelia no son sino una confirmación de las pronunciadas por Adela.

(**34**) Bernarda, en esta última frase, defiende el orden *antiguo*, la tradición,

AMELIA. Yo cierro los ojos para no verlas.

ADELA. Yo, no. A mí me gusta ver correr lleno de lumbre lo que está quieto y quieto años enteros.

MARTIRIO. Pero estas cosas nada tienen que ver con nosotros.

BERNARDA. Y es mejor no pensar en ellas.

ADELA. ¡Qué noche más hermosa! Me gustaría quedarme hasta muy tarde para disfrutar el fresco del campo.

BERNARDA. Pero hay que acostarse. ¡Magdalena!

AMELIA. Está en el primer sueño.

BERNARDA. ¡Magdalena!

MAGDALENA. *(Disgustada.)* ¡Dejarme en paz!

BERNARDA. ¡A la cama!

MAGDALENA. *(Levantándose malhumorada.)* ¡No la dejáis a una tranquila! *(Se va refunfuñando.)*

AMELIA. Buenas noches. *(Se va.)*

BERNARDA. Andar vosotras también.

MARTIRIO. ¿Cómo es que esta noche no vino el novio de Angustias?

BERNARDA. Fue de viaje.

MARTIRIO. *(Mirando a* ADELA.*)* ¡Ah!

ADELA. Hasta mañana. *(Sale.)*

*(*MARTIRIO*, bebe agua y sale lentamente, mirando hacia la puerta del corral. Sale* LA PONCIA.*)*

PONCIA. ¿Estás todavía aquí?

BERNARDA. Disfrutando este silencio y sin lograr ver por parte alguna *la cosa tan grande* que aquí pasa, según tú.

PONCIA. Bernarda: dejemos esa conversación.

BERNARDA. En esta casa no hay un sí ni un no. Mi vigilancia lo puede todo.

---

el papel de la religión cristiana. (Santa Bárbara es una santa asociada a la protección de los creyentes durante las tormentas y otros trastornos cósmicos). No pierde ocasión de imponer su visión del mundo.

PONCIA. No pasa nada por fuera. Eso es verdad. Tus hijas están y viven como metidas en alacenas.[15] Pero ni tú ni nadie puede vigilar por el interior de los pechos.

BERNARDA. Mis hijas tienen la respiración tranquila.

PONCIA. Esto te importa a ti que eres su madre. A mí, con servir tu casa tengo bastante.

BERNARDA. Ahora te has vuelto callada.

PONCIA. Me estoy en mi sitio, y en paz.

BERNARDA. Lo que pasa es que no tienes nada que decir. Si en esta casa hubiera hierbas, ya te encargarías de traer a pastar las ovejas del vecindario.[16]

PONCIA. Yo tapo más de lo que te figuras.

BERNARDA. ¿Sigue tu hijo viendo a Pepe a las cuatro de la mañana? ¿Siguen diciendo todavía la mala letanía[17] de esta casa?

PONCIA. No dicen nada.

BERNARDA. Porque no pueden. Porque no hay carne donde morder. ¡A la vigilia de mis ojos se debe esto![18]

PONCIA. Bernarda: yo no quiero hablar porque temo tus intenciones. Pero no estés segura.

BERNARDA. ¡Segurísima!

PONCIA. ¡A lo mejor de pronto cae un rayo! A lo mejor de pronto, un golpe de sangre te para el corazón.

BERNARDA. Aquí no pasará nada. Ya estoy alerta contra tus suposiciones.

PONCIA. Pues mejor para ti.

BERNARDA. ¡No faltaba más!

CRIADA. *(Entrando.)* Ya terminé de fregar los platos. ¿Manda usted algo, Bernarda?

BERNARDA. *(Levantándose.)* Nada. Yo voy a descansar.

PONCIA. ¿A qué hora quiere que la llame?[19]

BERNARDA. A ninguna. Esta noche voy a dormir bien. *(Se va.)*

---

[15] Es significativa la variante, tachada, del manuscrito: *en nichos.* [16] Si ocurriera algo malo *(hierbas)*, ya se lo dirías a las vecinas *(ovejas).* [17] *la mala letanía:* los chismes. [18] Véase anteriormente, nota 42, acto II. [19] Por primera y única vez la Criada y Poncia le hablan de usted a Bernarda. Ver nota 33, acto I.

PONCIA. Cuando una no puede con el mar lo más fácil es volver las espaldas para no verlo.[35]

CRIADA. Es tan orgullosa que ella misma se pone una venda en los ojos.

PONCIA. Yo no puedo hacer nada. Quise atajar las cosas, pero ya me asustan demasiado. ¿Tú ves este silencio? Pues hay una tormenta en cada cuarto. El día que estallen nos barrerán a todas. Yo he dicho lo que tenía que decir.

CRIADA. Bernarda cree que nadie puede con ella y no sabe la fuerza que tiene un hombre entre mujeres solas.

PONCIA. No es toda la culpa de Pepe el Romano. Es verdad que el año pasado anduvo detrás de Adela y ésta estaba loca por él, pero ella debió estarse en su sitio y no provocarlo. Un hombre es un hombre.

CRIADA. Hay quien cree que habló muchas noches con Adela.

PONCIA. Es verdad. *(En voz baja.)* Y otras cosas.

CRIADA. No sé lo que va a pasar aquí.

PONCIA. A mí me gustaría cruzar el mar[20] y dejar esta casa de guerra.

CRIADA. Bernarda está aligerando la boda y es posible que nada pase.

PONCIA. Las cosas se han puesto ya demasiado maduras. Adela está decidida a lo que sea y las demás vigilan sin descanso.

CRIADA. ¿Y Martirio también...?

PONCIA. Ésa es la peor. Es un pozo de veneno.[21] Ve que el Romano no es para ella y hundiría el mundo si estuviera en su mano.

CRIADA. ¡Es que son malas!

---

[20] El *mar* simboliza la huida, la liberación.   [21] Ver nota 34, acto I.

(35) En este *mar* —símbolo muy polivalente a lo largo de la obra— se simbolizan las fuerzas incontenibles, la fatalidad arrolladora. La imagen es especialmente grandiosa por las connotaciones que suscita en contraste con el personaje, tan antivital, y con el cerrado espacio de la casa. Compárese con *Yerma* (acto III, escena I): «Está escrito y no me voy a poner a luchar a brazo partido con los mares.»

PONCIA. Son mujeres sin hombre, nada más. En estas cuestiones se olvida hasta la sangre. ¡Chisssss! *(Escucha.)*

CRIADA. ¿Qué pasa?

PONCIA. *(Se levanta.)* Están ladrando los perros.[22]

CRIADA. Debe haber pasado alguien por el portón.

(Sale ADELA *en enaguas blancas y corpiño)***(36)**

PONCIA. ¿No te habías acostado?

ADELA. Voy a beber agua. *(Bebe en un vaso de la mesa.)*

PONCIA. Yo te suponía dormida.

ADELA. Me despertó la sed. ¿Y vosotras no descansáis?

CRIADA. Ahora.

(Sale ADELA.*)*

PONCIA. Vámonos.

CRIADA. Ganado tenemos el sueño. Bernarda no me deja descanso en todo el día.

PONCIA. Llévate la luz.

CRIADA. Los perros están como locos.

PONCIA. No nos van a dejar dormir. (Salen.)

(La escena queda casi a oscuras. Sale MARÍA JOSEFA *con una oveja en los brazos.)*

MARÍA JOSEFA.

> Ovejita, niño mío,
> vámonos a la orilla del mar;
> la hormiguita estará en su puerta,
> yo te daré la teta y el pan.

---

[22] Estos ladridos tienen trasfondo simbólico: auguran el desastre.

(36) Adela va vestida de blanco, como una novia: es puro fervor vital. Por eso no lleva el mantón negro del luto (de la muerte) con el que aparecerán enseguida Martirio y Bernarda.

> Bernarda, cara de leoparda,
> Magdalena, cara de hiena.
> Ovejita.
> Meee, meeee.
> Vamos a los ramos del portal de Belén.

(Ríe.)

> Ni tú ni yo queremos dormir.
> La puerta sola se abrirá
> y en la playa nos meteremos
> en una choza de coral.

> Bernarda, cara de leoparda,
> Magdalena, cara de hiena.
> Ovejita.
> Mee, meee.
> ¡Vamos a los ramos del portal de Belén!²³ *(Se va cantando.)*

(Entra ADELA. *Mira a un lado y otro con sigilo y desaparece por la puerta del corral. Sale* MARTIRIO *por otra puerta y queda en angustioso acecho en en centro de la escena. También va en enaguas. Se cubre con pequeño mantón negro de talle. Sale por enfrente de ella* MARÍA JOSEFA.*)*

MARTIRIO. Abuela, ¿dónde va usted?
MARÍA JOSEFA. ¿Vas a abrirme la puerta? ¿Quién eres tú?
MARTIRIO. ¿Cómo está aquí?
MARÍA JOSEFA. Me escapé. ¿Tú quién eres?
MARTIRIO. Vaya a acostarse.
MARÍA JOSEFA. Tú eres Martirio. Ya te veo. Martirio: cara de
   Martirio. ¿Y cuándo vas a tener un niño? Yo he tenido éste.
MARTIRIO. ¿Dónde cogió esa oveja?
MARÍA JOSEFA. Ya sé que es una oveja. Pero ¿por qué una
   oveja no va a ser un niño? Mejor es tener una oveja que no

---

²³ *Vamos a los ramos...*: cacofonía deliberada, de origen popular.

tener nada. Bernarda, cara de leoparda. Magdalena, cara de hiena.

MARTIRIO. No dé voces.

MARÍA JOSEFA. Es verdad. Está todo muy oscuro. Como tengo el pelo blanco crees que no puedo tener crías, y sí, crías y crías y crías. Este niño tendrá el pelo blanco y tendrá otro niño y éste otro, y todos con el pelo de nieve, seremos como las olas, una y otra y otra. Luego nos sentaremos todos y todos tendremos el cabello blanco y seremos espuma. ¿Por qué aquí no hay espumas? Aquí no hay más que mantos de luto.

MARTIRIO. Calle, calle.

MARÍA JOSEFA. Cuando mi vecina tenía un niño yo le llevaba chocolate y luego ella me lo traía a mí y así siempre, siempre, siempre. Tú tendrás el pelo blanco, pero no vendrán las vecinas. Yo tengo que marcharme, pero tengo miedo de que los perros me muerdan. ¿Me acompañarás tú a salir del campo? Yo no quiero campo. Yo quiero casas, pero casas abiertas y las vecinas acostadas en sus camas con sus niños chiquititos y los hombres fuera sentados en sus sillas. Pepe el Romano es un gigante. Todas lo queréis. Pero él os va a devorar porque vosotras sois granos de trigo. No granos de trigo, no.²⁴ ¡Ranas sin lengua!²⁵

MARTIRIO. *(Enérgica.)* Vamos, váyase a la cama. *(La empuja.)*

MARÍA JOSEFA. Sí, pero luego tú me abrirás ¿verdad?

MARTIRIO. De seguro.

MARÍA JOSEFA. *(Llorando.)*

> Ovejita, niño mío,
> vámonos a la orilla del mar;
> la hormiguita estará en su puerta,
> yo te daré la teta y el pan.⁽³⁷⁾

---

²⁴ No son fecundas. ²⁵ *¡Ranas sin lengua!:* incapaces de proclamar su amor a su rey, el Romano —su Júpiter particular—, como en la célebre fábula clásica en que las ranas piden rey.

(37) Momento capital el de esta última y sobrecogedora aparición de María Josefa. A través de su lenguaje dislocado (niño=oveja) y deliberadamente infantil, que se ajusta a su senilidad perturbada, se transmite la

(Sale. MARTIRIO *cierra la puerta por donde ha salido* MARÍA JOSEFA *y se dirige a la puerta del corral. Allí vacila, pero avanza dos pasos más.)*

MARTIRIO. *(En voz baja.)* Adela. *(Pausa. Avanza hasta la misma puerta. En voz alta.)* ¡Adela!

(Aparece ADELA. *Viene un poco despeinada.)*

ADELA. ¿Por qué me buscas?

MARTIRIO. ¡Deja a ese hombre!

ADELA. ¿Quién eres tú para decírmelo?

MARTIRIO. No es ése el sitio de una mujer honrada.

ADELA. ¡Con qué ganas te has quedado de ocuparlo!

MARTIRIO. *(En voz más alta.)* Ha llegado el momento de que yo hable. Esto no puede seguir.

ADELA. Esto no es más que el comienzo. He tenido fuerza para adelantarme. El brío y el mérito que tú no tienes. He visto la muerte debajo de estos techos y he salido a buscar lo que era mío, lo que me pertenecía.

MARTIRIO. Ese hombre sin alma vino por otra. Tú te has atravesado.

ADELA. Vino por el dinero, pero sus ojos los puso siempre en mí.

MARTIRIO. Yo no permitiré que lo arrebates. Él se casará con Angustias.

ADELA. Sabes mejor que yo que no la quiere.

MARTIRIO. Lo sé.

ADELA. Sabes (porque lo has visto) que me quiere a mí.

MARTIRIO. *(Desesperada.)* Sí.

ADELA. *(Acercándose.)* Me quiere a mí, me quiere a mí.

---

afirmación de la fecundidad, de la renovación de la vida; la única que suena en la casa con entera libertad. La canción dibuja un mundo maravilloso, de seres libres, que no quieren dormir porque el sueño es una forma de la muerte; un mundo mítico (es decir, sagrado: la vida lo es), que se corresponde con los dos largos parlamentos que dirige a Martirio. El segundo de ellos se cierra con palabras amenazantes y proféticas.

MARTIRIO. Clávame un cuchillo si es tu gusto, pero no me lo digas más. [26]

ADELA. Por eso procuras que no vaya con él. No te importa que abrace a la que no quiere; a mí, tampoco. Ya puede estar cien años con Angustias, pero que me abrace a mí se te hace terrible, porque tú lo quieres también, ¡lo quieres!

MARTIRIO. *(Dramática.)* ¡Sí! Déjame decirlo con la cabeza fuera de los embozos. [27] ¡Sí! Déjame que el pecho se me rompa como una granada de amargura. [28] ¡Lo quiero!

ADELA. *(En un arranque y abrazándola.)* Martirio, Martirio, yo no tengo la culpa.

MARTIRIO. ¡No me abraces!, no quieras ablandar mis ojos. Mi sangre ya no es la tuya, y aunque quisiera verte como hermana, no te miro ya más que como mujer. *(La rechaza.)*

ADELA. Aquí no hay ningún remedio. La que tenga que ahogarse que se ahogue. Pepe el Romano es mío. Él me lleva a los juncos de la orilla. [29]

MARTIRIO. ¡No será!

ADELA. Ya no aguanto el horror de estos techos después de haber probado el sabor de su boca. Seré lo que él quiera que sea. Todo el pueblo contra mí, quemándome con sus dedos de lumbre, [30] perseguida por las que dicen que son decentes, y me pondré delante de todos la corona de espinas [31] que tienen las que son queridas de algún hombre casado.

MARTIRIO. ¡Calla!

ADELA. Sí, sí. *(En voz baja.)* Vamos a dormir, vamos a dejar que se case con Angustias, ya no me importa, pero yo me iré a una casita sola donde él me verá cuando quiera, cuando le venga en gana.

MARTIRIO. Eso no pasará mientras yo tenga una gota de sangre en el cuerpo.

---

[26] Imagen hiperbólica de sufrimiento.   [27] *fuera de los embozos;* sin disimulo.   [28] Estalle en mil pedazos.   [29] Ver nota 34, acto I, e *Introducción*, p. 25   [30] Es decir, hablando mal.   [31] Ponerse la *corona de espinas* es estar marcada. Quizá haya, además, un trasfondo simbólico y Adela es identificada con Cristo; como éste, será sacrificada.

ADELA. No a ti, que eres débil. A un caballo encabritado soy
   capaz de poner de rodillas con la fuerza de mi dedo meñique.[32]
MARTIRIO. No levantes esa voz que me irrita. Tengo el corazón
   lleno de una fuerza tan mala, que sin quererlo yo, a mí misma
   me ahoga.
ADELA. Nos enseñan a querer a las hermanas. Dios me ha debido
   dejar sola en medio de la oscuridad, porque te veo como si no te
   hubiera visto nunca.

(Se oye un silbido y ADELA *corre a la puerta, pero* MARTIRIO *se le pone
delante.)*[(38)]

MARTIRIO. ¿Dónde vas?
ADELA. ¡Quítate de la puerta!
MARTIRIO. ¡Pasa si puedes!
ADELA. ¡Aparta! *(Lucha.)*
MARTIRIO. *(A voces.)* ¡Madre, madre!
ADELA. ¡Déjame!

(Aparece BERNARDA. *Sale en enaguas, con un mantón negro.)*

BERNARDA. Quietas, quietas. ¡Qué pobreza la mía no poder tener
   un rayo entre los dedos![33]
MARTIRIO. *(Señalando a* ADELA.*)* ¡Estaba con él! ¡Mira esas enaguas llenas de paja de trigo![34]
BERNARDA. ¡Ésa es la cama de las mal nacidas! *(Se dirige furiosa
   hacia* ADELA.*)*
ADELA. *(Haciéndole frente.)* ¡Aquí se acabaron las voces de presidio![35] *(*ADELA *arrebata el bastón a su madre y lo parte en dos.)* Esto

---

[32] Hipérbole adecuada a la pasión de Adela.   [33] Como Júpiter.   [34] Quizá *trigo* posea
valor negativo: su destino es ser segado; pero coexiste este significado con el de
fecundidad (ver nota 24).   [35] *voces de presidio:* de mando.

[(38)] Este silbido es la única señal física de la existencia de Pepe el
Romano. Nótese de nuevo la importancia del mundo exterior.

hago yo con la vara de la dominadora. No dé usted un paso más. ¡En mí no manda nadie más que Pepe!(39)

(Sale MAGDALENA.*)*

MAGDALENA. ¡Adela!

(Salen LA PONCIA *y* ANGUSTIAS.*)*

ADELA. Yo soy su mujer. *(A* ANGUSTIAS.*)* Entérate tú y ve al corral a decírselo. El dominará toda esta casa. ¡Ahí fuera está, respirando como si fuera un león!

ANGUSTIAS. ¡Dios mío!

BERNARDA. ¡La escopeta! ¿Dónde está la escopeta? *(Sale corriendo.)*

(Aparece AMELIA *por el fondo, que mira aterrada con la cabeza sobre la pared. Sale detrás* MARTIRIO.*)*

ADELA. ¡Nadie podrá conmigo! *(Va a salir.)*

ANGUSTIAS. *(Sujetándola.)* De aquí no sales tú con tu cuerpo en triunfo, ¡ladrona! ¡deshonra de nuestra casa!

MAGDALENA. ¡Déjala que se vaya donde no la veamos nunca más!

(Suena un disparo.)

BERNARDA. *(Entrando.)* Atrévete a buscarlo ahora.

MARTIRIO. *(Entrando.)* Se acabó Pepe el Romano.

ADELA. ¡Pepe! ¡Dios mío! ¡Pepe! *(Sale corriendo.)*

PONCIA. ¿Pero lo habéis matado?

MARTIRIO. ¡No! ¡Salió corriendo en la jaca!

BERNARDA. Fue culpa mía. Una mujer no sabe apuntar.

---

(39) Gesto de rebeldía: el bastón es roto. La fuerza incontenible del amor y de la vida puede ahora dominar la casa. En su nombre se ha quebrado «la vara de la dominadora».

MAGDALENA. ¿Por qué lo has dicho entonces?

MARTIRIO. ¡Por ella! ¡Hubiera volcado un río de sangre sobre su cabeza!

PONCIA. Maldita.

MAGDALENA. ¡Endemoniada!

BERNARDA. ¡Aunque es mejor así! *(Se oye como un golpe.)* ¡Adela! ¡Adela!

PONCIA. *(En la puerta.)* ¡Abre!

BERNARDA. Abre. No creas que los muros defienden de la vergüenza.

CRIADA. *(Entrando.)* ¡Se han levantado los vecinos!

BERNARDA. *(En voz baja como un rugido.)* ¡Abre, porque echaré abajo la puerta! *(Pausa. Todo queda en silencio.)* ¡Adela! *(Se retira de la puerta.)* ¡Trae un martillo! *(LA PONCIA da un empujón y entra. Al entrar da un grito y sale.)* ¿Qué?

PONCIA. *(Se lleva las manos al cuello.)* ¡Nunca tengamos ese fin!⁽⁴⁰⁾

(Las HERMANAS se echan hacia atrás. La CRIADA se santigua. BERNARDA da un grito y avanza.)

PONCIA. ¡No entres!

BERNARDA. No. ¡Yo no! Pepe: irás corriendo vivo por lo oscuro de las alamedas,³⁶ pero otro día caerás. ¡Descolgarla! ¡Mi hija ha muerto virgen! Llevadla a su cuarto y vestirla como si fuera doncella. ¡Nadie dirá nada! ¡Ella ha muerto virgen! ¡Avisad que al amanecer den dos clamores las campanas!³⁷

---

³⁶ *alamedas:* símbolo de vida. ³⁷ Alternan en el parlamento de Bernarda las dos formas del imperativo: la académica y la «vulgar», o coloquial, en infinitivo. Así en el manuscrito, y en otros textos de Lorca, incluso en poemas. Ver nota 22, acto I.

(40) Nótese la absoluta capacidad de comunicación teatral, puramente gestual, que posee la acotación en que Poncia indica el trágico fin de Adela. Lo mismo sucede en la que señala el momento del ahorcamiento: *Se oye como un golpe.* Este cierre de acto marca la culminación de los finales violentos: comparable al linchamiento de la hija de la Librada, lo supera por su significado dentro del texto mismo: la muerte violenta se produce en la misma casa, dentro, pues, del espacio dramático explícito o visible.

MARTIRIO. Dichosa ella mil veces que lo pudo tener.

BERNARDA. Y no quiero llantos. La muerte hay que mirarla cara a cara. ¡Silencio! *(A otra* HIJA.) ¡A callar he dicho! *(A otra* HIJA.) ¡Las lágrimas cuando estés sola! ¡Nos hundiremos todas en un mar de luto! Ella, la hija menor de Bernarda Alba, ha muerto virgen. ¿Me habéis oído? Silencio, silencio he dicho. ¡Silencio![41]

Telón

(Día viernes 19 de Junio 1936.)

---

(41) Para Bernarda, la realidad ha de ser como ella quiera. Es evidente que Adela había dejado de ser doncella, y ella misma lo reconoce. Como también es cierto que el pueblo se hará lenguas de lo ocurrido —la Poncia sola se basta— y que la orden de silencio no será atendida. Con todo, hay algo de grandioso en su actitud, en su apelación al silencio, que es simétrica de la que profirió al regresar del funeral: sabe mirar la muerte cara a cara, y esto es algo que para Lorca tiene mucha importancia. El poeta la comprende, aunque no la justifica. Es esencial, por otro lado, el comentario de Martirio, que llama *dichosa* a Adela. Con ello, tácitamente, da un sentido al sacrificio de la víctima: la joven, con su acto trágico, *revela* la verdad: el derecho a la propia felicidad, que es, en definitiva, el derecho a la libertad, no puede ser prohibido por ningún código, por ninguna moral.

Documentos y juicios críticos

LA FUNCIÓN DEL TEATRO: EL CAMBIO DE LA SENSIBILIDAD COLECTIVA; LA CRÍTICA DE MORALES VIEJAS Y CADUCAS

La Charla sobre teatro, *pronunciada por Lorca el 1 de febrero de 1935, tras una representación de* Yerma *destinada especialmente a los actores profesionales, es texto capital para entender cuál es, a juicio del autor, la función del teatro.*

El teatro es uno de los más expresivos y útiles instrumentos para la edificación de un país y el barómetro que marca su grandeza o su descenso. Un teatro sensible y bien orientado en todas sus ramas, desde la tragedia al vodevil, puede cambiar en pocos años la sensibilidad del pueblo; y un teatro destrozado, donde las pezuñas sustituyen a las alas, puede achabacanar y adormecer a una nación entera.

El teatro es una escuela de llanto y de risa y una tribuna libre donde los hombres pueden poner en evidencia morales viejas o equívocas y explicar con ejemplos vivos normas eternas del corazón y del sentimiento del hombre.

Un pueblo que no ayuda y fomenta su teatro, si no está muerto, está moribundo; como el teatro que no recoge el latido social, el latido histórico, el drama de sus gentes y el color genuino de su paisaje y de su espíritu, con risa o con lágrimas, no tiene derecho a llamarse teatro, sino sala de juego o sitio para hacer esa horrible cosa que se llama «matar el tiempo».

UN TEMPERAMENTO DRAMÁTICO

La dedicación de Lorca al teatro es intensísima en los últimos años de su vida. Sin descuidar el verso —grandes obras surgen en este período final—, no cabe duda de que el teatro domina su atención. En este contexto hay que interpretar las siguientes declaraciones, en que confiesa también las raíces populares de su lenguaje y proclama su equilibrio estético en el marco del teatro concebido como comunicación (La Voz, 18 de febrero de 1935).

—¿Qué cree usted que tiene más fuerza en su temperamento: lo lírico o lo dramático? —pregunto.

—Lo dramático, sin duda ninguna. A mí me interesa más la gente que habita el paisaje que el paisaje mismo. Yo puedo estarme contemplando una sierra durante un cuarto de hora. Pero en seguida corro a hablar con el **pastor** o el leñador de esa sierra. Luego, al escribir, recuerda uno estos diálogos y surge la expresión popular auténtica. Yo tengo un gran archivo en los recuerdos de mi niñez; de oír hablar a la gente. Es la memoria poética, y a ella me atengo. Por lo demás, los credos, las escuelas estéticas, no me preocupan. No tengo ningún interés en ser antiguo o moderno, sino ser yo, natural. Sé muy bien cómo se hace el teatro semiintelectual, pero eso no tiene importancia. En nuestra época, el poeta ha de abrirse las venas para los demás.

Por eso yo, aparte las razones que antes le decía, me he entregado a lo dramático, que nos permite un contacto más directo con las masas.

LA LECCIÓN DEL TEATRO CLÁSICO:
VALENTÍA Y LIBERTAD

Con motivo de la representación en Madrid de **Peribáñez** *de Lope en enero de 1935 —ese año se conmemoraba el IV centenario de la muerte del Fénix—, García Lorca leyó unas cuartillas en que exalta la grandeza de nuestro teatro clásico y lamenta el olvido en que ya entonces se encontraba, anegado por la ignorancia y los intereses mercantilistas. Lo más notable de la disertación lorquiana reside en el respaldo que el poeta de hoy encuentra en el teatro de ayer para llevar a la escena los problemas más difíciles.*

Da vergüenza decirlo, pero hay que decirlo como triste verdad vergonzosa: el increíble alejamiento en que vivimos respecto de nuestros más representativos poetas, el olvido que todos tenemos de nuestro vivo, resplandeciente, inmortal teatro clásico. Los empresarios le echan la culpa al público diciendo: «No está educado; esto no gusta ahora»; el público les echa la culpa a los actores diciendo: «No lo saben hacer»; y los actores le echan la culpa a la fatalidad de que siempre les equivoca los papeles, o a que el traje les apretaba demasiado. Mientras tanto, todo el palpitante tesoro de un verdadero teatro nacional único en el mundo permanece en la sombra esperando siempre el día de su difusión, rodeado de las más cretinas discusiones y los proyectos más insustanciales y antipoéticos. [...]

Un río de merengue y venenosa hipocresía hay ya entre ellos[1] y nosotros, y será difícil llegar a la otra orilla porque no usamos los dos talismanes para cruzarlo sin mancharse, los dos talismanes gloriosos que ellos no olvidan nunca, los dos talismanes polos de toda creación verdadera, que son valentía y libertad. Nos hemos olvidado totalmente de que Tirso de Molina pone en escena el incesto de Thamar y Amnón con atrevimiento y crudeza que no ha tenido Gabriel D'Annunzio en su *Città morta*.[2] No se representa nunca *El mágico prodigioso* de Calderón, tan grande como *El Fausto*, y no recordamos que este poeta ha hecho dialogar en escena a las fuentes, los aires, el pensamiento, la sombra, los días de la semana. No queremos oír las ideas revolucionarias, las terribles palabrotas, el frenesí amoroso, aquellos pechos de doña María Coronel,[3] desnudos en medio de la escena y quemados por el hacha purificadora, que brillan como dos lunas de leche y fuego en el humanísimo teatro de Lope.

Hemos olvidado el ritmo, la sabiduría, la gracia totalmente modernos del entremés de Don Miguel de Cervantes.

Hemos olvidado el clima de un teatro entero y al olvidarlo se nos ha convertido en agua sucia la sangre poderosa que llevábamos en las venas.

HAMBRE Y POESÍA

La preocupación social es muy fuerte en el dramaturgo Lorca en los dos últimos años de su vida. A esa preocupación respondía la creación de la llamada Comedia sin título, *iniciada en el verano de 1935, y de la que hasta ahora sólo se conoce un acto. En abril de 1936, fecha de las declaraciones que se ofrecen, el proyecto parece haberse interrumpido, paralizado el poeta, en aquel ya amenazante momento de España y Europa, por el espectáculo del hambre, enemiga de la poesía y del pensamiento.* (La Voz, *7 de abril de 1936.*)

---

[1] Los clásicos.

[2] Se refiere a *La venganza de Tamar*. Recuérdese que Tirso era fraile.

[3] Dama castellana del siglo XIV. Viuda ya, ingresó en religión. Para burlar la persecución del rey Pedro I, martirizó su cuerpo y desfiguró su rostro.

—Ahora estoy trabajando en una nueva comedia. Ya no será como las anteriores. Ahora es una obra en la que no puedo escribir nada, porque se han desatado y andan por los aires la verdad y la mentira, el hambre y la poesía. Se me han escapado de las páginas. La verdad de la comedia es un problema religioso y económico-social. El mundo está detenido ante el hambre que asola a los pueblos. Mientras haya desequilibrio económico, el mundo no piensa. Yo lo tengo visto. Van dos hombres por la orilla de un río. Uno es rico, otro es pobre. Uno lleva la barriga llena, y el otro pone sucio al aire con sus bostezos. Y el rico dice: «¡Oh, qué barca más linda se ve por el agua! Mire, mire usted, el lirio que florece en la orilla.» Y el pobre reza: «Tengo hambre, no veo nada. Tengo hambre, mucha hambre.» Natural. El día que el hambre desaparezca, va a producirse en el mundo la explosión espiritual más grande que jamás conoció la Humanidad. Nunca jamás se podrán figurar los hombres la alegría que estallará el día de la Gran Revolución. ¿Verdad que te estoy hablando en socialista puro?

NO AL ARTE POR EL ARTE

En junio de 1936, Lorca contesta por escrito al famoso caricaturista Bagaría; la entrevista se publica en el diario El Sol *el 10 del mismo mes. Por esos días* La casa de Bernarda Alba *está naciendo en las cuartillas. El propósito moral que anima su creación es paralelo sin duda al rechazo del esteticismo que se contiene en este fragmento de las declaraciones a Bagaría.*

... este concepto del arte por el arte es una cosa que sería cruel si no fuera, afortunadamente, cursi. Ningún hombre verdadero cree ya en esta zarandaja del arte puro, arte por el arte mismo.

En este momento dramático del mundo, el artista debe llorar y reír con su pueblo. Hay que dejar el ramo de azucenas y meterse en el fango hasta la cintura para ayudar a los que buscan las azucenas. Particularmente, yo tengo un ansia verdadera por comunicarme con los demás. Por eso llamé a las puertas del teatro y al teatro consagro toda mi sensibilidad.

24 DE JUNIO DE 1936: LA PRIMERA LECTURA DE *LA CASA DE BERNARDA ALBA*

El diplomático chileno Carlos Morla († 1968) fue gran amigo de Lorca. En su diario fue anotando, desde 1928 a 1936 —fechas que marcan su amistad con el poeta—, anécdotas, opiniones, actitudes, recitales, lecturas, estrenos... Nos ha dejado

*así la imagen vívida y fresca del personaje. No falta en el diario constancia puntual de
la primera lectura de la obra, cinco días después de su terminación. Se reproduce el
comienzo y el final de aquella sesión, rescatada del olvido en las páginas de* En
España con Federico García Lorca (Páginas de un diario íntimo, 1928-
1936), *Madrid, Aguilar, 1958, 2.ª ed.)*

A cenar, en casa, Federico, Agustín de Figueroa y su joven esposa,
Maruja. [...]

Reunión íntima después —tarde, como siempre en España— en la
residencia de los condes de Yebes para oír la lectura de la nueva obra de
Federico: *La casa de Bernarda Alba.* La ha terminado hace cinco días,
después de larga rumia. El 19 de junio exactamente.

Los dueños de la casa reciben en la terraza, bajo un cielo de terciopelo
constelado de diamantes, en una atmósfera llena de tibieza y de aromas
indefinidos; debe de haber madreselvas y jazmines en los jardines vecinos.
Pero la casa está triste —triste y sombría, a pesar de ser tan blanca—,
sumida en el vacío infinito de esa «ausencia» que a todos nos penetra y que
crea como «un silencio» en torno nuestro. Hay silencios que son del alma.[1]
[...]

Poca gente. Unión espiritual e íntima. Además de Federico, el doctor
Marañón[2] y los suyos, Tota Cuevas de Vera —de tan marcada personalidad—, Marichalar,[3] Agustín de Figueroa y su mujer, nosotros y nuestro
hijo.

Hemos abandonado la terraza y, en el salón sencillo y elegante, acogedor
y claro, Federico despliega lentamente su manuscrito al tiempo que nos
advierte que estos tres actos tienen la intención de un «documental fotográfico». Agrega que hay acuerdo para estrenar la obra en el otoño
venidero, quizá en octubre, esto es, dentro de cuatro meses.

Inicia la lectura con voz apacible, un poco umbrosa al comienzo, pero
que, a medida que el drama oscuro avanza, adquiere tonalidades vibrantes
y sugestivas, evocadoras del clima de agobio y de opresión que impera en
todas sus escenas. Tiene Federico la cualidad de transmitir no sólo el
temple de los personajes, sino también el hálito que impregna el ambiente
en que se mueven. Es una fuerza con virtudes de sortilegio. [...]

---

[1] El autor se refiere a la muerte de Mercedes, hija de los condes de Yebes, en 1936,
que dio lugar a dos magníficos poemas de García Lorca: *A Mercedes en su vuelo* y
Canción de cuna para Mercedes muerta.

[2] El doctor Gregorio Marañón.

[3] El ensayista Antonio Marichalar.

Esta vez se me antoja que Federico ha desterrado al poeta que lo habita para darse entero al pavoroso realismo de una verdad terrible. Ha rechazado por un día, con un gesto de la mano, a las musas que, como siempre, acudieron a su encuentro, cargadas de guirnaldas y de coronas —hay flores y cantares en *Bodas de sangre* y *Yerma*—, para penetrar, sin linterna ni candil, hasta el fondo del más negro y desesperado de los abismos. Y ha triunfado nuevamente por la fuerza de su talento invencible.

Lo contemplo, mientras dobla su manuscrito..., y lo siento grande, crecido, con proporciones de monumento.

SEVERIDAD Y SENCILLEZ

El poeta Manuel Altolaguirre recordaba, durante la guerra civil, en su artículo «Nuestro teatro» (Hora de España, 9 [1937], pp. 29-37), al dramaturgo Lorca. Evoca así su fabulosa inventiva, que ejemplifica con el resumen de un proyecto escénico del autor, que en sus papeles conservados se designa como El hombre y la jaca. Mito andaluz; rememora una lectura privada de La casa de Bernarda Alba y transmite, de labios del autor, el propósito de depuración que lo animó en su última obra.

Federico García Lorca, poeta dramático, empezó escuchando las voces de la Naturaleza. En su primera comedia, *El maleficio de la mariposa,* los personajes eran insectos. Federico García Lorca se paseaba por el campo, olvidaba sus versos entre el césped, acudían los pequeños animales y empezaba la acción lírica. Todo ello con música. Federico sabía muchas canciones españolas. Las recordaba y las podía inventar. Vivía en su cortijo allá en Andalucía cerca de su Granada.

> El lagarto y la lagarta
> con delantaritos blancos.

Escribía canciones. Era un niño con unos claros ojos creadores en donde se reflejaba todo el Universo. Luego de escuchar la voz de la Naturaleza, después de contemplar la vida exterior, empezó a buscarse a sí mismo. Entonces nació el poeta enamorado. Escribió *Mariana Pineda,* su drama romántico, obra literaria más que teatral, más lírica que dramática, ya que en todos los personajes, casi siempre se escucha indistintamente la personalísima voz del poeta, sin que se marquen las diferencias esenciales a los distintos temperamentos.

Me decía: «yo soy ante todo poeta dramático». Y al decirlo expresaba un secreto júbilo creador. Cuando estrenó con clamoroso éxito sus *Bodas de sangre*, veíamos en él al nuevo Lope de Vega del Teatro Español. En su *Zapatera prodigiosa*, sentíamos a Molière que revivía. En *Yerma*, Séneca y García Lorca se encontraron. Pensaba escribir una tragedia griega y me contaba el argumento: «En Córdoba vivía un rico labrador con su hijo, mozo solitario, que estaba enamorado de su jaca. El padre, para contrariar estos amores, se llevó al animal a una feria vecina para venderle. El hijo se enteró y fue por su jaca al mercado. Su jaca blanca, al verle, saltó de alegría la empalizada en donde estaba presa con el restante ganado. Volvieron jaca y mozo hasta el pueblo. El padre que los vio fue por su escopeta y disparando contra el animal le dejó muerto. El mozo, enloquecido, con una hacha, furiosamente, mató a su propio padre.» Nunca escribió esta obra, pero cito este tema para demostrar que su fantasía le llevaba más allá de lo humano, por encima de su conciencia, a los mitos más incomprensibles, como un Esquilo de nuestro tiempo.

Después de una lectura íntima de *Las hijas de Bernarda Alba*, su última tragedia inédita y sin estrenar, en la que sólo intervienen mujeres, Federico comentaba: «He suprimido muchas cosas en esta tragedia, muchas canciones fáciles, muchos romancillos y letrillas. Quiero que mi obra teatral tenga severidad y sencillez.» Federico García Lorca alcanzó en grado sumo sencillez y severidad en su última tragedia, que considero una de las obras fundamentales del teatro contemporáneo y consiguió esas cualidades luchando contra su propio temperamento que le ha llevado siempre a lo más barroco y exuberante de nuestra literatura.

EL REALISMO DE LORCA

Fernando Lázaro Carreter considera en estas líneas de su artículo sobre el teatro de García Lorca (citado en la Bibliografía*) la naturaleza del realismo del autor de* La casa de Bernarda Alba.

En cuanto al clima, a la atmósfera local, nadie dudará del «realismo» de Lorca. Pero esa palabra es tan equívoca, tan erizada de dificultades y misterios, que resulta difícil ponerse de acuerdo sobre su contenido. Hay un realismo fotográfico y notarial; es el que asume por antonomasia la representación del *ismo*. Hay, por otro lado, ese realismo español, lleno de irrealidades. Son las irrealidades y desmesuras que la crítica ha ido denunciando en realistas tan prestigiosos como Mateo Alemán, Francisco de Quevedo y tantos otros. Limitándonos al teatro contemporáneo, hay un realismo de cliché, cuyo ejemplo más representativo podría ser *La malquerida*, de Benavente, y este otro realismo de Lorca, lleno de anatopismos[1] y

---

[1] Sin referencias a lugares.

deformaciones literarias. Pero luego ocurre que *La malquerida*, drama de grandeza temática y psicológica incontestable, se desvirtúa a causa de su fiel, de su ancilar[2] realismo. En cambio, cualquiera concederá sin dificultades la autenticidad del teatro lorquiano, de tan difícil localización, plagado de pinceladas folclóricas de heterogénea procedencia, cuyos personajes se expresan con una incisividad bien elaborada, con un lenguaje poético que transparenta al autor detrás de cada palabra.

Es un misterio del arte. Y se debe, sin duda, a que, frente a ese realismo de calco, hay otro realismo en el que lo real son las relaciones, las estructuras; y este realismo subsiste e impresiona por su verdad, aunque los elementos relacionados sean deformes: contrahechos o embellecidos. Debajo del *Buscón*, de Quevedo, lleno de acciones y personajes monstruosos, hay una estructura social bien verdadera en su limitación, y es a ésta a la que atendemos, según creo, cuando calificamos de realista la famosa novela. Algo así ocurre en el teatro lorquiano: nada importa —nada, entendámonos, que pueda comprometer su realidad— la exasperación en que viven sus personajes: la violencia de la Madre en *Bodas de sangre*, la obsesión de Yerma, la tiranía de Bernarda... Son vértices de una estructura, de unas relaciones que reconocemos como verdaderas, desde un punto de vista nacional y aun ampliamente humano... Otro tanto puede decirse del diálogo, tan primorosamente cuidado por Lorca. Por debajo de las frases concretas, sirviéndoles de soporte, está el gusto popular por la hipérbole, por la contundencia, por la aspereza, por lo erótico, sus referencias directas y sin rebozos a lo que es natural y biológico. Asentada esta red, el material que la recubre jamás la enmascara.

LA CASA DE BERNARDA ALBA: MUERTE Y VIDA, PASADO Y PORVENIR

Guillermo Díaz-Plaja es autor de un temprano estudio sobre Lorca (1948). La casa de Bernarda Alba es analizada como el enfrentamiento de dos fuerzas antitéticas. El crítico español valora la comprensión que el dramaturgo muestra por la figura de Bernarda. (Se toma el texto de Federico García Lorca, Buenos Aires, Espasa-Calpe, 1954, Col. Austral, núm. 1.221, pp. 208 y 209-10.)

De un lado, [la obra] plantea un tema de sátira —amarga y seca— contra estas formas rezagadas de la vida española. De otra, da a la defensa de esta concepción de la existencia unas proporciones trascendentales. Enamorados de lo que la obra trae en defensa de la rebelión de la vida, los críticos no valoran la grandeza del frenesí, la gigantesca lucha de Bernarda

---

[2] Esclavo. Aquí, excesivo.

Alba para quien la añeja concepción de la honra [...] tiene todavía validez y exigencia. [...]

En realidad, la obra queda reducida a ese forcejeo de la vitalidad de las hijas de Bernarda, que se debaten en la agobiante atmósfera del luto y de la tradición, ora rebeldes, ora resignadas. En síntesis, la obra es una trágica coyuntura en que se debaten desesperadamente la Muerte y la Vida, el Pasado, que pesa, y el Porvenir, que exige. Como en el gran teatro español tradicional —como en las *Danzas de la Muerte*, como en *El Gran Teatro del Mundo*—, lo vital y lo moral forcejean; como luchan en *El Burlador de Sevilla* el ímpetu biológico de Don Juan con la muerte, que aguarda, y el más allá, que cohíbe.

De un modo análogo, esta tremenda colisión de fuerzas se encuentra en *La casa de Bernarda Alba*; no en vano acá la presencia de la tradición es el luto, es decir, la Muerte. Frente a ella, las mujeres gritan su derecho a la vida en distintas formas, que van desde el amor hasta la neurosis; pero la exigencia de lo social, la murmuración aldeana, pone un manto negro y sofocante sobre la palpitación humanísima de las mujeres, y aplica la sordina de la conveniencia social a sus gritos.

El poeta no toma partido: presenta. Por eso sitúa frente a tanta exigencia vital el ademán intransigente, pero a su manera grandioso, con que Bernarda Alba exige la contención y el decoro hasta el límite de lo inhumano.

Y España ha sido, y es muchas veces, así.

SER MÁS EN UN MUNDO SIN PERDÓN

«Bernarda Alba y sus hijas, o un mundo sin perdón» es el título del trabajo de Gonzalo Torrente Ballester (incluido en su obra Teatro español contemporáneo, *Madrid, Guadarrama, 1968, 2.ª ed., pp. 235-250) dedicado a la obra lorquiana. El gran escritor de nuestros días procede al análisis de los cimientos ideológicos, de los valores del mundo aquí representado.*

Lo importante aquí es *ser*, o, más exactamente, *ser más*. Pero esta preocupación afecta sólo a una capa de la sociedad, a los posidentes. [1] La otra, la de los trabajadores, la de los asalariados, la de los pobres que sirven o mendigan, está excluida del juego. «Son de otra sustancia», dice Bernarda [...] Pertenecen a otra humanidad, y quizá en esto hallen un modo de vivir más libremente. Sirven, pero los pecados no los pagan con la misma

---

[1] *posidentes:* los que poseen bienes.

dureza. La madre de la Poncia, criada en casa de Bernarda, fue prostituta, y no por eso la hija ha tenido que suicidarse. Esta misma Poncia advierte que la declaración amorosa varía en sus trámites según la clase social de los enamorados: Pepe el Romano ha tratado el caso fría, razonablemente, con Angustias, retoño mayor de Bernarda, porque ella y él son gente de alguna *instrucción* (eso dice Poncia); pero el novio de ésta procedió de otra manera: saludó, quedó en silencio, y al cabo de una hora, exclamó: «¡Ven que te tiente!» Quizá también Pepe el Romano haya dicho o hecho algo parecido la primera noche que habló con Adela por la reja, pero las relaciones entre estos dos caen fuera de las normas morales de los de arriba y de los de abajo. Son —para el juicio de Poncia— una fatalidad que, por serlo, no deja de ser monstruosa.

El *ser más* se alcanza por medio de la riqueza y de la reputación. Se *es más* porque se es rico y se manifiesta el *ser* cuando los demás lo reconocen y precisamente en este reconocimiento. [. . .] La identidad del *ser* y el *parecer* tiene que cumplirse a rajatabla. Aquí no cabe fingimientos, porque el ser se mide por realidades objetivas e indudables: yuntas de mulas, rebaños de caballos, campos de trigo. *El quiero y no puedo, el pan* «*pringao*» o las barbas migadas del hidalgo hambriento pertenecen a otro planeta. De modo que la conducta se apoya sobre el cimiento firme de la posesión y ésta, a su vez, la condiciona. *Riqueza obliga* puede ser la ley moral de este pueblo inhumano. Obliga, aprisiona, quita libertad.

LA VIDA; LA REALIDAD TEATRAL

Marie Laffranque, notable hispanista francesa, analiza algunos aspectos de La casa de Bernarda Alba: *la actitud vital de Bernarda, el significado de la obra, la coherencia entre los problemas planteados y el estilo, su dimensión popular... (Se toma el texto del libro de la autora,* Federico García Lorca, *París, Seghers, 1966, pp. 85-86.)*

Es la vida lo que Bernarda no se atreve ya a mirar.[1] La sigue rechazando. «Nos hundiremos todas en un mar de luto.» «Y las flores que no galleen demasiado su hermosura, porque les pondrán esposas y las harán vivir sobre los vientres corrompidos de los muertos.» No es ésta una última réplica de la obra. Es la última frase de una entrevista de Lorca, que morirá dos meses después, simultánea a la misma conclusión de *La casa...*[2] La obra, la entrevista, no anuncian esa muerte en la que tantos hombres y

---

[1] Alusión a su frase «La muerte hay que mirarla cara a cara».
[2] Entrevista en *El Sol* (10 de junio de 1936).

mujeres verán pronto una especie de dolor personal y un símbolo. Expresan su voluntad de vivir, la suya propia y la que vibra en torno a él. Lorca no es adivino, sino dramaturgo.

Como tal, se expresa directamente por la boca de los personajes, que dicen, con una sobriedad y una exactitud «documentales», sus luchas propias, sus aspiraciones y sus temores. Son la proyección del autor y de su público al mismo tiempo. Son también lo más ardiente y lo más claro de todas las mujeres que Lorca ha' tomado como modelos. Encrucijada de seres y de problemas sociales, económicos, espirituales, este teatro parece poder, al fin, convertirse en popular, en el sentido estricto del término. De entre todas sus obras dramáticas, es ésta la más adecuada que Lorca hubiera podido ofrecer a todo el público de La Barraca, salvo que hubiera temido un motín, como el que provocó su versión de *Fuente Ovejuna* en agosto de 1935, en la misma Fuente Ovejuna, en un clima de represión social y de conflictos agrarios. [3]

Las cuestiones que aborda, los errores que denuncia por la boca de sus mismos autores y de las víctimas de su muy humana fatalidad, encuentran en esta forma directa su eficacia «poética» mayor. La alusión, el montaje imaginario, la abstracción o el enmascaramiento no son ya necesarios para subrayar el significado de la obra, o para trasponer su objeto al lenguaje estético. Más cargada de belleza, más sugestiva es la realidad teatral en su paroxismo trágico: la casa hostil, enlutada y con fiebre, escenario y tema del drama: esa *cueva* que, a los ojos de Bernarda y sus hijas, protege la condición de la mujer.

---

[3] En efecto, los campesinos excitados con la obra, en la que los personajes vestían a la usanza moderna, quisieron agredir a las autoridades.

Orientaciones para el estudio de *La casa de Bernarda Alba*

Ténganse en cuenta desde ahora las *cuestiones de síntesis* que figuran al final de estas *Orientaciones*. Las cuestiones y observaciones que se plantean y formulan para cada uno de los tres actos, además de permitir la relectura analítica de la obra, han de preparar la respuesta adecuada a las primeras. Estas *Orientaciones* suponen la consulta de las *notas* y *llamadas de atención*, se remita o no a ellas.

ACTO PRIMERO

1. Téngase en cuenta lo que se dijo en **1, 2** y **3**; también lo señalado en la *Introducción* acerca de la intención de documental fotográfico que la obra posee a juicio del autor. No convendrá olvidar en este sentido que los únicos colores existentes en la obra son el blanco y el negro, al igual que el cine y la fotografía de la época.
2. Resumen del contenido.
3. La primera escena, el diálogo entre Poncia y la Criada (pp. 51-55), está basada en un motivo característico del drama rural: los diálogos de criados. Pero la simple murmuración que es común a ese tipo de escenas deja paso aquí al odio descarnado, al resentimiento profundo. Según dijimos (ver **4**), Lorca plantea abiertamente la lucha de clases. Señálense los pasajes más significativos al respecto.
4. En el habla de Poncia hay una perfecta articulación entre la poeticidad de su forma expresiva y su nivel sociolingüístico (uso de vulgarismos). Por lo que respecta al primer punto, anótense algunas de sus hipérboles, imágenes, así como otros usos estilísticos muy marcados.

5. La función clave de este diálogo es señalar los elementos esenciales de la situación dramática que se plantea. Esta situación está centrada en dos temas: el odio de Poncia por Bernarda (lucha de clases) y la soltería de las hijas, cuyo *status* económico no es uniforme. Pero hay otros elementos que actúan a modo de constelación de esos temas: señálense e indíquese su significado.

6. La lucha de clases no implica necesariamente solidaridad entre quienes pertenecen a un mismo grupo social. Obsérvese al respecto el trato que da la Criada a la Mendiga (p. 55). ¿Qué pretende con sus gritos cuando el duelo llega a la casa? Explíquese la bivalencia de su actitud. Téngase en cuenta una frase terrible: «Ojalá que un día no quedáramos ni uno para contarlo.»

7. Situaciones de injusticia social. Sobre el estado de la Andalucía rural ha escrito el historiador Gabriel Jackson *(La República española y la guerra civil,* Barcelona, Crítica, 1976):

> ... en el Sur un creciente proletariado sin tierras arrastraba una miserable existencia, con apenas cuarenta días de pobre salario al año, y enfermedades debilitadoras minaban la salud de toda la población trabajadora; los caciques eran los únicos que podían dar trabajo y la Guardia Civil mantenía el orden como si fuera un territorio ocupado. [...] En 1931, la cuestión de la reforma agraria era más importante que cualquier otra en la conciencia pública.

Coméntese la relación entre estas palabras y las situaciones que refleja la obra.

8. La entrada de Bernarda (p. 56) se produce en términos inequívocos (ver 6). Hay un dato clave: su conciencia de clase. Señálese la imagen crucial.

9. El rezo de la letanía, cerrado por el canto gregoriano (p. 58), es otra muestra de profunda teatralidad, que puede agregarse a las ya señaladas (ver 5): póngase de manifiesto, y discútase si mueve al autor algún propósito especial: dados los insultos en voz baja que han precedido al rezo y los que Bernarda va a lanzar inmediatamente después contra las vecinas, el crítico Rubia Barcia piensa que se trata de «poner de relieve la oquedad de la ceremonia misma, o de la tradición, o de la religión en sí». (La discusión puede hacerse sobre esta opinión.)

10. Bernarda arremete (p. 59) contra sus convecinos en términos durísimos e impone un luto feroz (p. 60), que podía darse en la realidad. Es fiel a la tradición heredada, con la que se siente plenamente de acuerdo («Así pasó en casa de mi padre y en casa de mi abuelo»). Al subrayar este conservadurismo de Bernarda, que recluye a las mujeres

en vida, ¿puede decirse que el autor apunta más alto, que pone en cuestión toda una ideología?

11. La conversación deriva en seguida (p. 60) hacia un tema central: la pasión de las mujeres por el varón no conocido y el casamiento. Bordar el ajuar era, en efecto, una costumbre en pleno vigor hace muy pocos años. Las hijas vírgenes maldicen su condición de mujeres frente a la actitud inflexible de la madre. No deja de ser interesante en este contexto la concreta respuesta de Bernarda a Magdalena («Aquí se hace lo que yo mando...»): coméntese su alcance.

12. La Voz de María Josefa suena en escena por segunda vez (p. 61). Es la Voz de otra enclaustrada, aunque aún en peores condiciones. La actitud de Bernarda es sintomática (ver **10**). ¿Y las risas de las hijas ante las pretensiones de casarse de la anciana?

13. Creciente obsesión erótica de las mujeres, incapaces de estar recluidas. Adela desvía hacia Angustias la vigilancia de la madre, quien se abalanza sobre ella golpeándola (p. 62). Coméntese esta reacción de Bernarda: ¿exagerada o coherente con su talante?

14. En estas circunstancias, la anécdota de Paca la Roseta (p. 63) actúa como un aguijón en Angustias, además de remitir a una moral colectiva (ver **11**). Pero Bernarda no entiende la necesidad de amor de ninguna de sus hijas («¡No, no ha tenido novio ninguna ni les hace falta! Pueden pasarse muy bien»). Coméntese esta afirmación.

15. Para Bernarda, las posibles relaciones amorosas de sus hijas no son viables «en cien leguas a la redonda» (p. 64). ¿Por qué?

16. Diálogo Bernarda-Poncia (pp. 62-64). Bernarda subraya su conciencia de clase, su condición de ama: muéstrese.

17. Bernarda es avariciosa: no dará ni un botón de la ropa del muerto (p. 64). ¿Casual?, ¿significativo?

18. Diálogo Amelia-Martirio (pp. 64-66). Se matiza la psicología de la segunda: indíquese en qué sentido.

19. En el mismo diálogo se perfila con nitidez el tema de la opinión, del «que dirán» (la célebre *honra* o *fama* de nuestro teatro clásico). En este universo se depende siempre de los demás. Lo importante de los funerales es que fue todo el pueblo, como recordaba Poncia a Bernarda (p. 59). Señálese el pasaje concreto en que aparece el tema, e indíquense los antecedentes que se han dado en la obra hasta llegar este momento.

20. La historia de Adelaida ilustra el tema capital de la marginación femenina y también un motivo clave de la perspectiva trágica: indíquese.

21. Diálogo Martirio-Amelia-Magdalena (y Angustias) —pp. 66-68—.

Magdalena parece refugiarse en la infancia, época sin pecado, siempre la pureza misma en la obra lorquiana: entonces «no se usaban las malas lenguas». Martirio, con razón, duda de la afirmación de su hermana. Esta evasión de Magdalena hacia la infancia forma parte de este intento de huida de las mujeres, enclaustradas por el luto que acaba de comenzar. Adela, capaz de ponerse un traje verde (ver **13**), tampoco es ajena a este proceso, sobre el que volveremos en la cuestión siguiente. Importa ahora indicar que son dos las objeciones que las hermanas oponen al casamiento de Angustias con Pepe el Romano: su edad y su naturaleza poco agraciada, de un lado, y el exclusivo interés económico que mueve al pretendiente, de otro. Ambas pueden reducirse a una sola objeción, aludida en el texto: indíquese.

22. Diálogo Magdalena-Adela-Martirio (pp. **68-69**). Adela entra con el traje verde que sólo han visto las gallinas. Con perfecto sentido teatral, el dramaturgo integra el simbólico traje en la conversación sobre la boda de Angustias. «Lo mejor que puedes hacer es teñirlo de negro», dice Martirio con evidente intención. Adela se asombra al saber la noticia. «Con emoción contenida», reza la acotación. Tal como ya indicamos (nota 55, acto I), ese asombro parece indicar un principio de relaciones entre ella y el Romano, por muy incipiente que sea. Para la caracterización de Adela, esa capacidad de asombro puede ser importante. Explíquese por qué.

23. El llanto de Adela, de nuevo el traje verde. La aparición de la Criada interrumpe este llanto. Muy significativa la puntualización de Magdalena («Ha estado a punto de oírte la criada»). Es evidente que ésta se ha apercibido del fondo del asunto. Crece la exaltación erótica de las mujeres. Adela vacila en ir a ver al Romano por la ventana de su cuarto. Explíquese el alcance de esta duda.

24. Bernarda, Poncia, Angustias y las otras hermanas (pp. **70-71**). Se pone de manifiesto la desigualdad económica entre Angustias y sus hermanas, como Poncia se encarga de subrayar. La heredera, consciente de la superioridad que le otorga el dinero, no duda en empolvarse y salir así delante de su madre —las otras hermanas no se hubieran atrevido—. Bernarda reacciona de modo inmediato y contundente. Señálese la repercusión de estos hechos en el significado de la obra.

25. La aparición de María Josefa cierra el acto (pp. **71-72**). Cumple este personaje dos funciones básicas: rompe el silencio impuesto por Bernarda —dice lo que las demás mujeres callan— y desempeña un papel profético. Muéstrese todo esto en la escena que nos ocupa. (Ver **16**.)

26. Al bajar el telón, cuando aún se oye el eco de los gritos angustiados de María Josefa, ¿puede pensarse en algún o algunos adjetivos que califi-

quen el mundo representado? Ordénense por orden de preferencia los
siguientes, que proponemos a título indicativo: brutal, deprimente,
sórdido, triste.

ACTO SEGUNDO

1. Resumen del contenido.
2. El acto se abre (pp. 73-74) con la presencia de Poncia y de todas las
   hermanas, menos Adela. (Este juego de ausencias y presencias es
   esencial en todo texto dramático, especialmente en aquellos que se
   desarrollan en espacios cerrados.) La ausencia de Adela incrementa la
   tensión en vez de atenuarla. Desde un comienzo, esa tensión es muy
   fuerte. Señálese al respecto la oposición entre los personajes, que repite
   esquemas y posiciones ya conocidos.
3. Las mujeres discuten la hora en que se marchó Pepe (p. 74). La mu-
   tua vigilancia policiaca prosigue. Son ya un hecho las relaciones de
   Angustias con el Romano, debe haber pasado algún tiempo (¿un
   mes?) tras el funeral. Poncia corta el tenso silencio que ha seguido al
   comentario de Magdalena («¡Qué cosa más rara!») preguntando a
   Angustias por lo ocurrido en la primera visita de Pepe a su ventana
   (pp. 74-75). Coméntese la reacción de Angustias; téngase en cuenta su
   edad, 39 años, a la hora de emitir un juicio.
4. La Poncia; su primera entrevista con Evaristo el Colorín; las risas de
   las hermanas (pp. 75-76). Estos momentos de aparente relax no hacen
   sino recargar la atmósfera dramática. Coméntense las implicaciones
   sociales que subyacen al modo de producirse las primeras visitas de los
   novios.
   4. 1. Estúdiese, desde el punto de vista estilístico, la frase «... se acercó,
   se acercó que se quería meter por los hierros».
5. Poncia confiesa tener la «escuela» de Bernarda (ver **20**). Señálese el
   alcance del término.
6. La rivalidad Adela-Martirio es ya manifiesta (pp. 76-77). Pero también Angustias es hostil a la más joven de las hermanas. Para ella, que
   desarrolla sus relaciones amorosas de acuerdo con el orden establecido,
   a Adela «se le está poniendo mirar de loca». La frase desborda su uso
   coloquial: coméntese.
7. Con la llegada del «hombre de los encajes» (p. 77) —otro personaje
   invisible, como el notario o el mismo Pepe—, las hermanas abandonan
   la escena. Pero Martirio, antes de marcharse, «mira fijamente a Adela», gesto que suscita una violenta respuesta de ésta, que Martirio no
   ha de olvidar: coméntese.

8. Diálogo Poncia-Adela (pp. 77-80): la invocación de la primera a la ley de Dios, la reacción hostil de la segunda. Coméntese tanto en el aspecto moral como en el social; compárese la actitud de Poncia, portavoz de la moral colectiva, con la de Adela, que sólo habla en nombre de sí misma.

9. Pepe el Romano: con los datos que hasta ahora se poseen, inténtese su caracterización. (Ver **14**.)

10. Con la vuelta de las hermanas (pp. 80-81), la conversación cambia de motivo, pero no de tema. Esta insistencia temática es clave para entender la obra. La recurrencia de temas no impide, claro es, que surjan nuevos matices, nuevos desarrollos. Señálese el elemento ahora novedoso.

11. La llegada de los segadores (p. 81); ténganse en cuenta **23** y **24**. Conciencia de clase de Magdalena y Martirio, no compartida por Adela al menos de modo expreso (aunque véase p. 79, donde descalifica a Poncia llamándola «criada»). En todo caso, coméntese su deseo de «salir también a los campos».

12. El canto de los segadores (pp. 82-83) suena en la casa como un latigazo. El dramaturgo proyecta de nuevo el espacio exterior sobre el cerrado ámbito de la casa. Coméntense las acotaciones a las repeticiones del cantar en labios de Martirio («Con nostalgia») y de Adela («Con pasión»). Ver **25**.

13. Diálogo Amelia-Martirio (pp. 83-84). Vuelve la preocupación por lo que sucede de noche alrededor de la casa o en el corral (ver cuestión núm. 3). Y se reitera la correlación entre la actitud de las mujeres y el cálido, insoportable clima estival. (Estas reiteraciones revelan el sabio cálculo de la estructura y del ritmo escénico a que ha procedido el dramaturgo.) Señálese la imagen clave que resume las preocupaciones de Martirio.

14. Incidente del retrato (pp. 84-87). De nuevo los acontecimientos importantes suceden fuera del espacio escénico visible. La acción dramática alcanza un punto culminante. Se patentiza la pasión de Martirio, se ponen de relieve los celos de Adela, Bernarda interviene con su contundencia habitual... Sin embargo, lo más relevante, desde el punto de vista del significado total de la obra, es la superposición del conflicto económico sobre el amoroso. Señálese.

15. Estas «explosiones» son las que imprimen cambios reales en el curso en apariencia monótono de la acción. Se ha dicho que es una técnica deudora de Ibsen. En todo caso, obsérvese la habilidad del dramaturgo al desviar la atención sobre Martirio, en vez de concentrarla sobre Adela. Suprema economía dramática: convertir a Adela en protago-

nista del episodio habría sido tanto como «gastarla», y Adela debe seguir «actuando» en ese mundo de fuera. Por otra parte, lo lógico es que Martirio sea el centro del episodio: dígase por qué..

16. Autoritarismo de Bernarda (p. 87): señálese la imagen clave.

17. El parlamento de Bernarda es ejemplar en cuanto a la poeticidad del lenguaje: estúdiese, así como la eficacia dramática de su brevísimo monólogo.

18. Diálogo Poncia-Bernarda (pp. 87-90). Es muy esclarecedor sobre las relaciones entre ambas mujeres. Analícese a partir de los puntos siguientes: amistad/enemistad; confianza/desconfianza; claridad/oscuridad del mensaje de Poncia, y posibilidad/imposibilidad de entenderlo por parte de Bernarda. (Téngase en cuenta el antagonismo social.)

19. Un nuevo dato para entender la personalidad de Bernarda: la anulación de las relaciones de Martirio con Enrique Humanes fue obra suya (p. 88), fiel a su orgullo de clase (o de casta, término acaso más preciso en esta mentalidad burguesa y barroca a un tiempo, que identifica la posesión de los bienes y el linaje).

20. «Las cosas no son nunca a gusto nuestro», dice Bernarda (p. 89). ¿Resignación?, ¿creencia firme? Seguramente esto último. De ser así, las consecuencias de semejante afirmación son graves: la felicidad de los seres no cuenta, o cuenta poco. ¿Qué es lo que importa entonces, o qué le importa a Bernarda?

21. De nuevo surge la discusión sobre la hora en que el Romano terminó su visita a Angustias (pp. 90-91). Es Poncia quien la suscita con su demoledora capacidad para hostigar en éste y en otros asuntos. Ahora se ponen sobre el tapete nuevos datos que cuestionan gravemente la verdad «oficial». Pero Bernarda zanja la discusión de manera terminante: «No se hable de este asunto.» [...] «No habrá nada.» ¿Está ciega, como comenta Poncia, o es que está tan convencida de su autoridad que no le cabe en la cabeza la posibilidad de no ser obedecida?

22. Diálogo Martirio-Adela (pp. 91-92). La actitud de Adela es matizada: resulta capaz de alternar la postura decidida con la súplica; en cambio, Martirio se muestra absolutamente hostil, sin ninguna fisura. Coméntese.

23. Escena final: linchamiento de la hija de la Librada (pp. 92-93). Según dijimos ya (ver **29**), Adela es la única mujer de la casa que ruega piedad para la víctima. Coméntese la actitud de Bernarda, Poncia y Martirio.

23.1 No es difícil pensar en una especie de auto de fe. Dígase por qué (ver **21**).

24. La moral, las creencias de Bernarda son las del pueblo entero. Con los datos conocidos hasta el momento, descríbase esta ideología, este código de valores.

ACTO TERCERO

1. Resumen del contenido.
2. El acto se inicia con toda la familia Alba reunida en torno a la mesa y la visita de Prudencia. Como en el acto I, hay un «gran silencio» (ver **30**). Sólo se oye de vez en cuando el ruido de platos y cubiertos. El silencio es quebrado por las dos historias pueblerinas que aparecen en la conversación (pp. 94-95). Señálese su relación con la obra.
3. El caballo garañón, la cuadra, el calor (p. 95): su contribución al aumento de intensidad del clima dramático (Ver **31**).
4. La serenidad, la paciencia de Prudencia (pp. 94-97). No hay duda de que la presencia de este personaje introduce uno de los escasos momentos de relativa calma que hay en la obra. Cítense los pasajes que confirman este hecho.
5. La conversación en torno al anillo de pedida no está exenta de indicios sombríos (ver notas 6, 7, acto III). Pero antes ha habido otro rasgo de mal augurio: indíquese. Y señálense también más elementos inquietantes en las intervenciones de Bernarda y sus hijas.
6. Esta conversación posee, además, otra función: señalar el paso del tiempo. Aun cuando seguimos en el verano, debe de haber transcurrido un mes quizá desde que se iniciaron las relaciones entre Angustias y Pepe (acto II). Indíquese el dato clave al respecto.
7. Los datos realistas se van cargando de referencias simbólicas: el agua, los anillos... El autor los combina con otros datos exentos de simbolismo o, al menos, más neutros: el dinero de los muebles, el armario de luna, la ropa de la novia... Pero al mismo tiempo el espectador (o el lector) siente la presencia de un mundo perturbador e invisible: las coces del semental, el campo... Hacia los umbrales de ese mundo se dirige Adela para «tomar un poco el fresco» (p. 97). No le falta compañía: sus hermanas. ¿Podemos seguir hablando de universo inquisitorial o policíaco?
8. Diálogo Bernarda-Angustias (pp. 97-98). Intentos de apaciguamiento por parte de Bernarda, sólo pendiente de la «buena fachada»; de nuevo la referencia a la hora; Angustias, en fin, detecta en el Romano preocupación, ocultamientos. Dígase si esto contribuye a matizar y completar la imagen del invisible personaje.

9. En la conversación entre madre e hija, Bernarda vuelve a manifestar un rasgo muy típico de su personalidad cuando replica a Angustias disgustada por la actitud distante de Pepe: «Eso es lo mismo.» Coméntese esta respuesta.

10. Vuelven las tres hermanas del corral (pp. 98-99). Según sugerimos (ver 33 y notas 13-14, acto III), hay un claro simbolismo en sus actitudes. Bernarda no toma partido por ninguna de las hijas: «A ella le va en lo suyo como a ti en lo tuyo», dice a Adela refiriéndose a Martirio. Coméntese esta afirmación. Y anótense las palabras de Martirio sobre el tronchamiento del cuello de Adela.

11. Las hijas van a acostarse (p. 100). La escena se diría «neutra». Pero algunas acotaciones son muy significativas. Señálense cuáles.

12. Diálogo Poncia-Bernarda (pp. 100-101): póngase en relación con la conversación del acto II (pp. 87-90), e indíquense los elementos diferenciadores.

13. Sobre el mismo fragmento, estúdiese la poeticidad de algunos parlamentos.

14. Diálogo Poncia-Criada (pp. 102-103). Esta conversación es una especie de comentario a toda la acción dramática que hasta ahora se ha desarrollado. También anuncia la catástrofe. Muéstrese todo esto.

15. Este diálogo enlaza con el del primer acto. Algún elemento común existe: así la maldad que la Criada atribuye a las hijas de Bernarda. Pero acaso lo más destacado resida en los comentarios de las dos sirvientes acerca de la actitud de Bernarda: resúmanse. (Ver **35**.)

16. Escena de transición (p. 103). Los perros ladran al paso del Romano en simbolización sombría. Adela se ha levantado porque tiene sed, de agua y de amor (ver nota 34, acto I; nota 15, acto III). Las criadas quieren dormir, pero ni en estos momentos falta la nota crítica contra el ama: indíquese.

17. Intervención de María Josefa (pp. 103-105) (ver **37**): afirmación de la fecundidad y la maternidad; profecía. Sus dos últimos parlamentos (p. 105) son de densidad simbólica y calidad estilística únicas. Obsérvese en el primero el empleo del polisíndeton e indíquese su función.

18. Diálogo Martirio-Adela (pp. 106-108). El conflicto estalla al fin. Los personajes se sinceran sin reservas. El Romano, invisible pero todopoderoso, domina ya la escena. Señálense las notas que definen a cada una de las mujeres; por ejemplo, Adela: rebelde...; Martirio: enamorada... Ha de notarse que Adela está dispuesta a aceptar su condición de amante, al margen de la ley. Tal actitud en nada disminuye su rebeldía: ella hace caso omiso de las instituciones sociales y asume su

situación casi como un desafío. Repárese, por ejemplo, en algunas imágenes clave.

19. Bernarda se levanta despertada por las voces de las dos hermanas (p. 108). La acusación de Martirio («¡Estaba con él! Mira esas enaguas llenas de paja de trigo!») desencadena su ira, con el bastón como instrumento de castigo. Pero Adela lo rompe y proclama su amor ante todos (pp. 108-109). Selecciónese la imagen clave del parlamento en que Adela hace frente a su madre.

20. Se ha dicho que el Romano es un mito (es decir, un modelo absoluto): el de la pasión vital. Su ausencia física de la escena es esencial para esta mitificación. Relaciónese este juicio con las palabras de Adela: hay en ellas una imagen decisiva.

21. La malintencionada intervención de Martirio, llena de resentimiento («Se acabó Pepe el Romano»), desencadena el desastrado final. Adela se encierra tras la puerta que da al corral para ahorcarse (ver **40**). En medio de la tragedia, el terror a la opinión, al «qué dirán», no ha desaparecido. Indíquese su presencia en los diálogos y en las acotaciones.

22. Firme en sus convicciones, aunque la realidad las haga añicos, y, a su manera, grandiosa, Bernarda cierra la obra como en su primera aparición en escena: exigiendo silencio y dando órdenes (p. 111; ver **41**). Y esa grandeza —todo lo repulsiva que se quiera— se traduce en el tono solemne, en la andadura majestuosa de la lengua: muéstrese.

23. El suicidio de Adela es coherente con la actitud que había adoptado. Estaba dispuesta a aceptar su condición marginal («vamos a dejar que se case con Angustias, ya no me importa, pero yo me iré a una casita sola donde él me verá cuando quiera, cuando le venga en gana», p. 107); lo que no podía aceptar era la muerte del Romano, razón misma de su vivir. Algún crítico, no obstante, le ha negado categoría de heroína capaz de sacrificarse por un ideal: no sería su rebelión la causante de su muerte, sino la mentira de Martirio. Adóptese una posición razonada al respecto. (Ver **41**.)

CUESTIONES DE SÍNTESIS

1. Resumen argumental: diez líneas como máximo.
2. Tema o temas centrales de la obra; subtemas.
3. La figura de Bernarda. Sus implicaciones históricas e ideológicas.
4. Adela; su sentido de la rebeldía.
5. María Josefa; su significado.

6. Poncia; Martirio.
7. Amelia, Magdalena y Angustias; Prudencia; Criada.
8. Los personajes invisibles: Pepe el Romano.
9. El pueblo: su moral.
10. Los dos planos de la obra: el real y el simbólico. Elementos constitutivos de cada uno.
11. El lenguaje: los símbolos más insistentes.
12. Los diversos registros (la caracterización sociolingüística).
13. Las acotaciones; alcance simbólico, «teatral», descriptivo.
14. El vestuario; significado.
15. La escenografía: los decorados.
16. Los espacios dramáticos: organización; los espacios invisibles.
17. Trascendencia de significado de *La casa de Bernarda Alba*. Varios son los puntos que pueden tratarse:
    — Autoritarismo y libertad.
    — El amor; la condición de la mujer. La oposición entre instinto y sociedad.
    — La denuncia social y política.
    — La posible configuración de las dos Españas.